世界頂尖遺傳工程科學家獻身見證

上帝的語言

The Language of God

A Scientist Presents Evidence for Belief

當代最偉大科學計畫
「人類基因體計畫」主持人

Francis S. Collins

法蘭西斯・柯林斯——著

林宏濤——譯

目錄

〈專文推薦〉這一切是偶然的嗎？ 李家同 006
〈專文推薦〉一本有神論的進化論者的見證 黃勝雄 011
〈專文推薦〉信仰就是上帝愛的計畫 彭蕙仙 014
（依姓氏筆劃排列）
〈導　論〉上帝的語言已然揭曉！ 019

第一部　科學和信仰之間的隔閡

01 從無神論到敬拜上帝 029
如果上帝存在，那麼祂必定是外在於自然世界，因此科學不會是認識祂的正確工具。如果我開始內省自身，上帝存在的證明就會在其他方向湧現，而最終的決定會是基於信仰，而不是證明。

02 世界觀的戰爭 051
上帝的存在難道不是一廂情願的想法嗎？許多傷害不是假宗教之名造成的嗎？一個慈愛的上帝怎麼會容許苦難的存在呢？一個嚴謹的科學家怎麼可能接受神蹟的可能性呢？

第二部　人類存在的大哉問

第三部　信仰神或信仰科學？

〈專文推薦〉

這一切都是偶然嗎？

李家同

我們人是一種生物，其他的動物和植物當然也是生物，生物有一個共同的特性，就是能夠繁衍下一代。繁衍下一代已經夠奇妙，最奇妙的是如何將上一代的資訊傳給下一代。舉例來說，大象必須生下的仍是一頭象，狗不能生出貓來。在曠裡的黃色野花，種子掉落在泥土中，第二年長出來的仍是那種黃色野花。顏色不能變，花的樣子也不能變。

生物如何將資訊傳給下一代呢？我們是透過DNA傳過去的，每一生物的細胞裡都有DNA，以人爲例，人一共有二十三對染色體，DNA就在染色體裡面。

DNA由四種鹼基組成，這四種鹼基就是adenine（A）、guanine（G）、cytosine（C）和thymine（T）。DNA可以說是這四個鹼基的排列，舉例來說，以下的序列就可能是DNA的一段：

TTCATTATCGT

而DNA又是一個雙螺旋（double helix）的東西，也就是說，DNA有兩個序列，但這兩個序列並不互相獨立，而是互相對應的，所謂對應，乃是說A一定對應到T，而G一定對應到C，以我們所舉的以上序列爲例，他的稱應序列就是

AAGTAAATAGCA

以人體爲例，人體內有好多不同的細胞，每一個細胞也都有他特殊的功能。比方說，血液細胞就要能有帶氧的功能，奇怪的是雖然細胞的功能不一樣，他們所擁有的DNA卻是完全一樣的，這又是怎麼一回事呢？原來每一個細胞都要製造一種蛋白質，以血液細胞爲例，他們就要製造一種能夠帶氧的血色素蛋白質。

細胞如何知道蛋白質怎麼造成的？答案很簡單，細胞會到DNA裡去找，每一個蛋白質對應DNA裡的一段序列，而這一段序列就是所謂基因（gene），我們可以說基因的功能就是在告訴細胞如何製造蛋白質。首先我要說明的是，蛋白質由二十種氨基酸（amino acid）所組成，一個氨基酸都對應一個由三個鹼基所構成的碼。舉例來說，TTT就代表苯丙氨酸（Phenylalanine），TCT代表絲氨酸（Serine），這三個碼就成爲一個密碼子（codon）。

我們一共有四種鹼基，所以我們可以有4×4×4=64種密碼子，也就是說，我們可以

如此表示六十四種氨基酸。但我們只有二十種氨基酸，所以我們的編碼是多對一（many to one）的編碼，舉例來說：TTA、TTG、CTT都是表示亮氨酸（Leucine）。

基因就像一個程式，這個程式每三個碼代表一個指令，這個指令使細胞裡的RNA去拿一個氨基酸，舉個例子來說，以下的一段就代表細胞應該去拿三個氨基酸來製造某一種蛋白質：

CGT→精氨酸
AGT→絲氨酸
ATT→異亮氨酸

RNA是細胞裡的一種東西，我們不在此介紹RNA，我們要回答大家一定想問的問題：

(1)DNA的長度高達三十一億個鹼基，細胞如何知道與它有關的基因從哪裡開始的？
(2)細胞如何知道基因在何處結束的？

對於第一個問題，答案是每個一基因都有一個啓動子（promotor），每一個細胞都有能力認識該基因的啓動子，看見啓動子就可以知道前面快有基因了。而且基因必定開始於ATG（對應蛋氨酸）。

對於第二個問題，有三個密碼子是不對應於任何氨基酸的，他們是TAA、TAG和TGA，他們都代表end of program，只要看到其中之一，就代表基因已經結束了。

編碼學是最近所發展的學問，可是大自然在幾億年前就已發展出來了，end of program更是最近才發展出來的，但是大自然早就有這種觀念了。

密碼子的編碼對任何生物都是一樣的，微生物、細菌、玫瑰花、猴子、貓和人，只要有生命就有DNA，也都用同一個編碼。我們的問題是：這種編碼的形成是偶然的嗎？任何一位有理性思考的人都不能接受這種偶然。

我不妨再將事情講得更明白一些。我們任何一家工廠裡生產任何一種化學產品，都會有良率問題，也就是說我們所生產的產品，常會有瑕疵，可是在細胞內，DNA所生產的蛋白質是從不會有瑕疵的，這也是個謎。

最後，我要說一個更神妙的故事。電磁學裡有兩個重要的參數：

$\mu_0 = 4\pi \times 10^{-7} Wb/(Am)$

$\varepsilon_0 \approx 8.8541878176 \times 10^{-12} F/m$

現在請各位算一下 $\frac{1}{\sqrt{\mu_0 \varepsilon_0}}$，大家一定發現，$\frac{1}{\sqrt{\mu_0 \varepsilon_0}} = 3 \times 10^8\ m/\sec$

3×10^8 m/sec 剛好是光速，馬克斯威爾（J. C. Maxwell）證明電磁波以光速前進，就是因爲以上的結果。我現在要問各位：誰制訂 μ_0 和 ε_0 的？總不至於這是大自然胡亂決定的。

我們眞的應該好好的想想，大自然如此奧妙，難道這都是偶然的嗎？

（本文作者爲國立暨南國際大學資訊工程學系教授）

〈專文推薦〉

一本有神論的進化論者的見證

黃勝雄

《上帝的語言》（*The language of God*）原作者柯林斯博士（Francis C. Collins M.D., Ph.D）是醫學和物理化學的雙博士，他深信人類基因圖譜的語言是上帝在默示給人類的語言，因爲從這些「語言」，我們可以了解更多人類的過去和未來。原書的副標題是「一個科學家呈現信仰的實證」。這個科學家就是柯林斯博士，他想和全世界的人分享他從研究「上帝的語言」的心路歷程及所得到信仰的實證。最近他常公開地表示他是信神（上帝）的基督徒，但他是個有神論的進化論者（I am a Christian and a theistic evolutionist）。

我很喜歡柯林斯博士的觀念，因爲他一再強調人類基因圖譜的研究是普世公共的資產，不應該使它商業化，就如同柏拉圖說：「知識是沒有專利的」一樣。讀完了這本優雅的中文譯本，我更是歡欣鼓舞，也巴不得趕快買來送給我醫學界的好朋友，因爲他們都知道這位柯林斯博士的鼎鼎大名，他是主持全世界國際人類基因體研究計畫的人，而且臺灣也參加了這個研究。我也很想買來送給和我一樣追求信仰、與主同行的許多基督徒朋友和牧師，因爲許久以來用科學的知識來印證上帝的存在的有神論是多麼的困難！甚至常被基本教義派（Fundamentalist）所排斥，這本書將是最好的代言人，因爲它多麼清晰又有說服力。

柯林斯博士一九五〇年出生在維吉尼亞州西部貧窮的小農場，宗教對他們全家並不很重要，也沒有什麼特別的信仰。他是個好學生，中學時期特別對化學有興趣，並立志要成爲化學家當作人生的目標。在維吉尼亞大學得到化學學位後，到耶魯大學攻讀物理化學博士，卻沒想到博士班的一個選修科目——生物化學，使他在獲得博士後，轉行去北卡大學醫學院學醫，醫科畢業後，他專對小兒科的遺傳疾病特有獨鍾，先後在耶魯大學和密西根大學研究，並擔任醫學基因學的教授，其間他發現了三種罕見疾病的遺傳基因，從此走上了醫學遺傳基因學這條不歸路。而在一九九三年被網羅加入美國人體基因研究中心，一九九七年成爲該中心的主任，並發揮了他無私堅忍卓越的領導能力，統合了全世界各國研究人體基因的人才，最後演變成爲全世界即國際人體基因體研究計畫的主持人。並在短短的三年（2000年）中完成了初步的定稿，六年（2003年）內全部完成人類二十三對染色體中的三十一億個DNA的基因密碼。柯林斯博士閱讀廣泛，近代物理、人類考古學、古典書籍、生物學、倫理學、人文、音樂等都有涉略。看了他的書，使人敬佩他的才華。

我和作者一樣，並不是生長在基督教的家庭，也和他類似，在追逐智慧、求學的過程中，巧遇到信仰的課題和反省。我中學時嚮往物理學，大學念的也是物理學，但在研究海森堡（W. Heisenberg）的量子力學的測不準原理（uncertainty principle）學習中迷失了方向，卻在偶然中拜讀了非洲叢林行醫的人道主義者史懷哲醫師的著作，使我改去學醫學，更從史懷哲醫師所主張的「文明的哲學」中，走進了我終身受益的基督教的信仰和生活的倫理。這本書的出現，給我很大的震撼和共鳴，使我更願意推薦給臺灣愛看書的同伴，這是廿一世紀愛知識的人必讀的好書。

（本文作者爲門諾醫院暨相關事業機構總執行長）

〈專文推薦〉

信仰就是上帝愛的計畫

彭蕙仙

這本書，談的是一個人如何從不可知論者、無神論者，最後變成了一個信仰者。

不過，請別擔心這樣的過程會充滿宗教狂熱者的臆語，或者是一大堆純屬個人私祕的天啓經驗，因爲作者是個醫生、科學家，還是個研究基因的頂尖學者，所以他談上帝，不是從自己的那個靈修小角落談起，而是從宇宙的大爆炸談起，甚至於，從達爾文的天演論談起。書中豐富翔實的醫學、生物學、化學、物理學、考古學、數學、遺傳學……透過作者嚴謹、循序漸進的論述，絕對可以滿足讀者在知性上與理性上的好奇心，有大大上了一課的過癮。

身爲二十世紀末、二十一世紀初一項巨大的跨國科學計畫「人類基因體計畫」的最高負責人，法蘭西斯・柯林斯長期研究DNA，擁有最好、最先進的機會與資源近距離了解人類生命的奧祕；當他愈深入DNA的結構和運作，愈理解到，人類這樣的生命不可能來自一個無心的偶然，即使在「天時、地利、人和」之下，一切條件「剛剛好」讓人類或者其他生物或者地球出現，那種「偶然」也是一種「有意」。

當你對自己所知愈多，你愈不能相信，你之所以會出現，只是因爲一四〇億年前的一個大爆炸，於是宇宙在一個機率微乎其微的情況下誕生了，並且，非常、非常、非常幸運地，人類在此宇宙出現。但人類眞的只是一個「幸福的意外」嗎？

在大爆炸之前呢？那又會是個什麼世界？史蒂芬．霍金說：「關於宇宙爲什麼就是如此開始的，除了把它視爲是一個上帝有意創造出像我們這樣的存在者的行動，否則很難去解釋；由大爆炸那樣的東西生出我們的宇宙，這機率太低了。」當然，再怎麼低，你還是可以相信，就是有這個可能嘛。

但是，人類的存在感，又不只有物質可分析的部分，還有很重要的「屬靈」部分，例如，作者再三強調的「道德律」的運作，人有是非觀念；有一種就是很想要去幫助人的天性；譴責屠殺與欺騙，樂善好施、公正誠實，等等跨越種族與宗教的一致性需求，以及，最重要的，內心隱隱然對「一個更高的什麼」的渴望（不一定是宗教意義上的上帝），當我們遇到人生的高低起伏、喜樂哀怒，就想要去尋找一個「冥冥中的力量」，這種念頭、這種相信，又是怎麼來的呢？

於是，作者放棄做一個無神論者，因爲他發現，面對這樣的一個宇宙、這樣的一個人類、這樣的一個我，要說無神，也未免太不合理。

那就有神吧，但是這個神是怎麼創造出這個宇宙來的？又可有的爭了。這是這本書的第二個大主題，恐怕也是會令許多虔信者大爲不安的地方，因爲早已宣稱自己是基督徒的柯林斯主張「有神論的演化理論」：不受限於時空的上帝，創造了宇宙以及支配它運作的自然律，當然，演化機制也是上帝創造的一部分，地球上的微生物、動物、植物……多樣性生物就這樣豐富了地球，並且，上帝也用如此的機制創造了一個特別的生物，還讓他們擁有智慧和自由意志，以及，內在那股「尋求與神連結、和好」的意欲。

簡單說，柯林斯所說的這個理論包括三大步驟：一，上帝以超自然的行動讓一切開始；二，上帝設立「演化」的遊戲規則，讓地上開始繁衍；演化，從人類的角度來看或許是隨機，但在上帝卻可能是預定；三，當演化機制啓動之後，就不再需要上帝的超自然干預。人類是這個歷程的一部分，所以跟猴子有共同的祖先；但人類因爲有上帝創造的特別心意，有屬靈的本質，因此不能僅僅只以演化來解釋。

說到這裡，身爲科學家、特別是研究 DNA 與遺傳學的柯林斯，爲科學和屬靈世界找到了一個和諧相處的可能，那就是，這麼一個複雜精密的世界，肯定有位造物者，上帝，而且上帝無所不能，祂如果願意用演化作爲完成創造世界的工具，有什麼不可以嗎？當然，神學團體、特別是福音教派，很難不被激怒；達爾文信徒也可能認爲柯林斯明修演化論的棧道、暗渡創造論的陳倉，基本動機就不是那麼純粹的、科學的，不足爲取；對此問題，各方爭論仍酣。

前幾天，我向一位朋友邀稿，他說正忙，向我推薦了另一位寫作者；我與這位寫作者連點頭之交都談不上，但是因爲截稿在即，我只好硬著頭皮打電話邀稿，這位寫作者表示很抱歉，因爲最近他得花時間照顧生病的母親，我無意間提起了一位醫生，因爲我的母親是這位醫生的病人，而且他是位基督徒，這位三總的醫生「每周在汀州路還有門診。」聽到這裡，這位寫作者突然驚呼：「上帝一定是聽到我的禱告了。」

原來他住在師大路附近，母親在榮總看病實在太遠，一直想找近一點的醫生，但他想都沒有想到三總，因爲他以爲三總醫生的門診全搬到內湖去了。所以，這通邀稿電話最後的目的是，突然有個幾近於陌生人的人，我，跟他報了個醫生的名字。我把這事跟向我推薦他的朋友說，這位朋友也很驚奇：「這個人是什麼時候變成基督徒的？我都不知道欸。」

對我來說，這就是信仰、就是上帝存在的證據。但如果你覺得還不夠，法蘭西斯・

柯林斯會給你更多知識上的論證；不只於此，他還用自己女兒遭人強暴的苦難經驗，與他在非洲行醫所受到的「震撼教育」，與讀者分享他的體會：信仰就是上帝愛的計畫，我們就是這個計畫的一部分。

（本文作者爲知名媒體人暨作家）

〈導論〉
上帝的語言已然揭曉！

距離千禧年只剩下六個月的一個溫暖的夏天，人類跨到一個重要的新紀元。有個宣言照耀全世界，成爲所有報紙的焦點新聞：人類基因體初稿，也就是我們自己的操作指南，已經組合完成。

人類基因體由我們物種的所有的DNA組成，也就是生命的遺傳密碼。這個剛揭露的文本有三十億字那麼長，以一種由四個字母組成的奇怪密碼寫成。人類身體的每個細胞裡攜帶著的資訊是如此的驚人，如果以每秒一個字母的速度，即使日以繼夜地解讀密碼，也得花三十一年的工夫。如果以常用的字體把這些字母列印在一般的證券紙上，然後裝訂起來，會有華盛頓紀念塔那麼高。在那個夏天的早晨，這份驚人的初稿帶著關於建構人類的一切說明首次問世。

「人類基因體計畫」（Human Genome Project）十多年來致力於解開DNA的序列，我作爲該計畫的主持人，在白宮東廳和柯林頓總統併肩而立，另外還有克雷格．文特（Craig

Venter），他是一家相關的私人企業總裁①。英國首相布萊爾以衛星連線與會，世界各地也同步慶祝該項壯舉。柯林頓在演說時首先比較這個人類序列圖譜和將近兩百年前劉易斯（M. Lewis）在同樣的房間裡攤在傑弗遜總統面前的地圖②。柯林頓說：「無疑的，這是人類所繪製過的最重要且最不可思議的地圖。」

但是他的演說中最引人入勝的地方，卻是從科學的觀點跳躍到屬靈的觀點。他說：「現在，我們正在學習上帝用以創造生命的語言。對於上帝至聖至神的禮物的複雜、美麗和奧妙，我們現在更加敬畏了。」

自由世界的領袖在這種時候如此露骨地提到宗教，作爲一個受過嚴格訓練的科學家，我是否被嚇壞了？我會不會想要皺眉頭或是尷尬地低頭看地板？不，一點也不。其實就在該項宣布前、忙得人仰馬翻的日子裡，我和總統的演講稿撰寫人合作無間，也強烈支持他把這段話放進去。輪到我該講幾句話時，我則回應該感想說：「對於世界而言，這是一個快樂的日子。當我明白我們首次窺見我們自己的說明書，而那原先只有上帝才知道的，那讓我更加謙卑和敬畏。」

是科學成就，也是敬拜上帝的機會

這到底是怎麼回事？爲什麼負責宣告生物學和醫學的里程碑的總統和科學家，不由自主地聯想到上帝呢？科學的和屬靈的世界觀不是互相對立嗎？或者它們至少不要在白宮東廳短兵相接吧？那兩個演講裡爲什麼都要提到上帝呢？是詩興大發嗎？或者是僞善呢？是挖苦地對信徒曲意奉承嗎？或是要讓那些可能批評人類基因是把人類化約爲機器的人們消除敵意呢？

不，我可不。剛好相反，對我來說，人類基因體定序以及揭露這個最驚人的文本的經驗，既是一個絕妙的科學成就，也是一個敬拜的好機會。

很多人會被那樣的觀點搞糊塗，他們以爲一個嚴謹的科學家不可能同時是相信有一個超越性的上帝的忠實信徒。這本書就是要破除那個想法，並且論證說，信仰上帝是個完全理性的選擇，而信仰的原理和科學的原理其實是相輔相成的。

很多現代人以爲科學和屬靈的世界觀的潛在綜合是不可能的，那就像是硬要把磁鐵的兩極湊在一處。然而儘管有此刻板印象，許多美國人仍然很有興趣把這兩個世界觀的有效性整合到他們的日常生活裡。最近的民調證實，百分之九十三的美國人都以某種形式信仰上帝；然而他們大部分的人也都開車、使用電器、注意氣象報告，顯然假設作爲這些現象的基礎的科學一般而言是可靠的。

那麼科學家們的屬靈信仰呢？其實比許多人所理解的還要普遍。在一九一六年，調查員以生物學家、物理學家和數學家們爲對象，問他們是否信仰一位會主動與人類交往而我們可以向祂禱告並且期待得到回答的神，大約百分之四十的回答是肯定的。在一九九七年以相同的問題設計作調查，出乎調查員的意外，回答肯定的比例幾乎一樣。

所以或許科學和宗教的「戰爭」不像表面那樣兩極化？不幸的是，潛在和諧的證據經常因爲在爭辯兩端的人們高分貝的宣言而蒙上陰影。他們的確是互相開砲。例如說，著名的演化論者理查．道金斯（Richard Dawkins）③認爲他那百分之四十的同僚的屬靈信仰，基本上只是感情用事的胡扯，關於「相信演化，就得相信無神論」的觀點，他便成了主要的發言人。他語出驚人地說：「如果要規避思考和驗證的話，信仰是很好的託辭和辯解。所謂信仰（faith），是指即使沒有證據（或正因爲沒有證據）也願意相信……信仰是不以證據爲基礎的信念（belief），因而成爲任何宗教的主要缺點。」④

另一方面，某些宗教的基本教義派抨擊科學是危險而不可靠的，並且指出對聖典的字面詮釋是分辨科學眞理的唯一可靠的工具。其中也包括已故的亨利．莫里斯（Henry Morris）⑤，「創造論運動」（creationist movement）的先驅，他曾評論說：「演化的謊言滲透且主宰著每個領域的現代思想。正因爲如此，我們難免推論說，基本上是演化論的思想造成荼毒蒼生的政治演變、失序的道德，以及各地不斷加劇的社會解體……當科學和《聖經》有異時，科學顯然是誤解了它的資料。」[6]

可以同時以科學和宗教的觀點來理解世界

對立者的眾聲喧譁，讓許多認眞的觀察者困惑且沮喪。理性的人們會做出結論說，他們不得不在索然無味的兩個極端當中做選擇，而兩者都不會讓他們很舒服。許多人從那兩個觀點的喧囂當中醒悟後，既拒絕科學結論的可信性，也排斥宗教團體的價値，反而躲到各種反科學的思想、膚淺的靈修，或是乾脆漠不關心。其他人則是決定同時接受科學和聖神，但是把他們的精神和物質存在劃分清楚，以避免表面衝突的尷尬。例如已故的生物學家史蒂芬・古爾德（Stephen Jay Gould）[7]就曾主張，科學和宗教應該區隔開來，它們是「不互相重疊的轄區」。但是那仍然無法讓人滿足。它鼓勵內在的衝突，讓人們無法在充分理解的情況下去接受科學或宗教。

於是，本書的核心問題是：在現代的宇宙論、演化和人類基因研究裡，是否仍然可能在科學和宗教的世界觀之間找到眞正讓人滿意的和諧？

而我則要大聲說：「是的！」對我而言，作爲一個嚴謹的科學家和信仰一個關心我們每個人的上帝之間並沒有衝突。科學的範域是去探索自然。上帝的範域則是在屬靈的世界裡，那是無法以科學的工具和語言去探究的。我們必須以心靈、精神和靈魂去審視它——而精神也必須想辦法去擁抱那兩個領域。

我會論證說，這兩個視野不僅可以並存於一個人心裡，甚至可以豐富且啓蒙人類的經驗。科學是理解自然世界的唯一可靠方式，如果其工具使用得當，也可以對物質存在產生深刻的洞見。但是關於「爲什麼會有宇宙的誕生？」或「人類存在的意義是什麼？」或「我們死亡以後會怎樣？」的問題，科學是無能爲力的。探索難解的問題的答案，是人類與生俱來的強烈動機之一，如果我們要去理解可見和不可見的世界，就需要匯集科學和宗教觀點的一切力量。本書即旨在探究一個審愼而理智的途徑以整合這兩個觀點。

思考如此沉重的問題，或許會讓人覺得困擾。我們每個人都有個世界觀，無論我們是否意識到它。它幫助我們去解釋周遭的世界，給我們一個倫理的結構，指引我們去決定未來。任何要修補那個世界觀的人都不可以太輕率。而一本想要挑戰如此根本的東西的書，可能會讓人很不舒服。但是我們人類似乎擁有追尋眞理的深層渴望，即使那個渴望很容易被日常生活的瑣事給壓抑住。有那麼多讓我們分心的事物，再加上我們總是不願想到人皆有死的事實，於是日復一日、年復一年，就始終沒有認眞去思考人類存在的永恆問題。本書只是對於那樣的情況提出對治的管見，但是或許也可以讓人們有機會去自我反省，並且願意更深入地探索。

首先，我會解釋一個研究基因的科學家怎麼會信仰一個不受限於時空而且關心人類的上帝。或許有些人會以爲，那一定是因爲他被家庭和文化根深柢固地灌輸了嚴格的宗教教育，因而影響到其後的生活。但是我的情況並非如此。

---

①譯注：克雷格．文特（Craig Venter）是基因學界的先驅，於一九九八年和博精儀器公司（Perkin Elmer Corporation）一起創設賽雷拉基因公司（Celera Genomics），旨在開發具有商業用途的基因資訊。

②譯注：劉易斯（Meriwether Lewis, 1774-1809）是傑弗遜總統的私人祕書，他和威廉．克拉克（William Clark）一起參與從密西西比河到美西海岸的著名的「探索部隊」（Corps of Discovery, 1804-1806），該部隊是傑弗遜用以探勘美國西部的重要計畫。

③譯注：理查．道金斯（Richard Dawkins, 1941-），英國演化生物學家和科普作家，著有《自私的基因》（*The Selfish Gene*）。

④R. Dawkins, "Is Science a Religion?" *The Humanist* 57(1997): 26-29.

⑤譯注：亨利．莫里斯（Henry Morris, 1918-2006），年輕地球創造論者（Young Earth Creationist），該教派認為上帝在大約六千年前才創造地球，主張以字面去解釋六日創世的教義。

⑥H. R. Morris, *The Long War Against God* (New York: Master Books, 2000).

⑦譯注：史蒂芬·古爾德（Stephen Jay Gould, 1941-2002），美國古生物學家、演化生物學家、著名科普作家，著有《貓熊的大拇指》（*Panda's Thumb*）。

第一部

科學和信仰之間的隔閡

第一章

從無神論到敬拜上帝

我的童年生活在很多方面都很不尋常，但是因爲我父親是個對宗教態度開放的自由思想家，我接受的教育的宗教立場自然也很符合現代的潮流：宗教不是很重要的東西。

我生長於維吉尼亞州雪南多亞河谷（Shenandoah Valley）的小農場。農場沒有自來水，家無長物。然而在我的父母創造的奇特的觀念文化裡，各種經驗和機會令人興奮的融合，足以彌補物質的匱乏。

他們在一九三一年於耶魯的研究所相遇，並把他們組織團體的技術和對音樂的熱愛用到西維吉尼亞州的亞瑟谷（Authurdale）的實驗社區，和羅斯福一起努力振興在大蕭條深淵當中的荒廢礦區。

但是羅斯福政府的其他智囊不表贊同，經費沒多久也用盡了。亞瑟谷實驗社區因爲華盛頓政客的讒言而終於被拆除，也使得我的父母一輩子都不再相信政府。後來他們到北卡羅萊納州柏林頓（Burlington）的埃隆學院（Elon College）教書。那裡洋溢著南方鄉村粗獷而美麗的民間文化，而我父親也開始採集民謠，他走遍丘陵和盆地，說服保守的北卡村民讓他用錄音機記錄他們的歌聲。這些錄音和亞倫・洛麥克斯（Alan Lomax）不計其數的民謠收集，是美國國會圖書館很重要的美國民謠館藏。

二次世界大戰爆發時，音樂工作被迫讓位給更緊急的國防事務，於是我父親去幫忙建造戰鬥轟炸機，最後變成長島飛機工廠的主管。

戰爭結束後，我的父母親認爲壓力太大的商場生涯不是他們想要的。於是他們在四〇年代從事「六〇年代的事」：他們搬到維吉尼亞州的雪南多亞河谷，買了一片九十五英畝的農場，嘗試經營一個沒有農耕機械的簡樸農業生活。才沒幾個月，他們就發現那樣養不起他們的兩個小男孩（沒多久我哥哥和我也出生了），我父親只好跑到地方的女子學院去教戲劇。他雇用小鎮裡的男演員，這些學生和地方的店家覺得戲劇演出還滿好玩的。剛好那些學生抱怨暑假漫長無聊，於是我父母親在我們農舍北邊的橡樹林裡弄了一個夏日劇場。後來「橡樹林劇場」持續快樂的演出五十多年而不曾間斷。

在我的童年裡，信仰不是重要的部分

我就在田園之美、辛苦的農作、夏日劇場和音樂的快樂交錯裡出生且長大。我是四兄弟裡的老么，不能再像我哥哥們那樣給我父母親惹一堆麻煩。我從小就知道得爲自己的行爲和選擇負責，沒有人會插手替我承擔那些事。

我和哥哥一樣，都是在家自學，我母親是一個才華橫溢的老師。我在童年得到了充滿學習樂趣的珍貴禮物。儘管我母親不曾規劃課表或教案，她卻能很敏銳地察覺哪些主題會吸引年輕的心靈，接著會密集地探索它們，該停的時候自然就停下來，然後轉移到其他同樣讓人興奮的主題。我的學習始終不是因爲我必須去做，而是我喜歡去做。

在我的童年裡，信仰不是重要的部分。我隱約知道上帝的概念，但是我自己和祂的互動僅止於偶爾在有求於祂的時候很孩子氣地和祂討價還價。例如說，我記得和上帝約定（約莫九歲時），如果祂不在週六夜晚下雨，好讓我滿心期盼的戲劇表演和音樂會不致因雨取消，我就答應祂絕不抽雪茄。當然啦，那天晴朗無雨，而我也始終沒有染上那習慣。更早以前，在我五歲的時候，我父母親決定讓我和我二哥去參加當地「聖公會」（Episcopal Church）的男童唱詩班。他們說那是個學音樂的好方法，至於神學就不必認眞理會它。我聽他們的話，學習各種優美的和聲和對位法，但是把在講道壇上宣講的神學當作耳邊風，一點也不放在心裡。

十歲的時候，我們搬到城裡去陪伴生病的祖母，而我也進了公立學校。到了十四歲，引人入勝且有力的科學方法讓我大開眼界。有一個很有魅力的化學老師，他可以兩隻手同時寫板書，我受到他的鼓勵，第一次發現對於宇宙井然有序的性質的強烈喜悅。「所有物質皆依據數學原理由原子和分子構成」的事實是個意外的啓示，而得以利用科學工具去發現自然裡的新事物，更是讓我一頭就栽進去。我心裡充滿著初學者的熱情，以立志成爲化學家當作人生的目標。儘管我對其他科學所知甚少，這個初戀似乎改變了我的一生。

相反地，我和生物學的相遇就冷淡得多了。至少在青少年的我看來，生物學的基礎偏重死記一些沒有理由的事實，而不重視原理的闡明。我眞的沒什麼興趣去記龍蝦的身體各部分，也不想搞清楚門、綱和目的差別。生命無與倫比的複雜性讓我斷定生物學比較像是「存在哲學」：它根本就沒有道理。對於我那年輕氣盛的「化約主義者」的心靈而言，那裡頭完全沒有什麼邏輯可以吸引我。

從不可知論者到無神論

十六歲中學畢業後，我接著到維吉尼亞大學，決定主修化學，走上科學研究的路。我和大部分的大學新鮮人一樣，對新環境感到興奮莫名，無論在教室或是晚上在宿舍，總有許多想法源泉不絕。其中有些問題難免會涉及上帝存在的論證。我十一、二歲的時候，偶爾會渴望追尋自我以外的東西，經常是關於自然的美或特別深刻的音樂經驗。然而我對屬靈的理解始終懵懵懂懂，而所有學校的宿舍裡總會有幾個無神論者，我的理解也經常遭到他們的質疑。才剛入學幾個月，我就相信，儘管許多宗教啓發了很有意思的藝術和文化的傳統，但是它們並不是根本的眞理。

我變成了一個「不可知論者」，雖然那時候我還不知道那是什麼意思。十九世紀的科學家赫胥黎（T. H. Huxley）①說，所謂的不可知論者是指那些不知道上帝是否存在的人們。不可知論者形形色色；有些人是在仔細分析證據後得到該立場，但是很多人只是當作權宜之計，如此就可以不用去討論那些讓雙方都不舒服的辯論。我當然是屬於後者。當我說「我不知道」的時候，其實是說「我不想知道」。作爲一個成長於充滿誘惑的世界裡的年輕人，自然是不願意正視那回應更高的屬靈權威的需要。我的思考和行爲模式，正是知名的學者和作家魯益師（C. S. Lewis）所說的「故意的盲目」。

大學畢業後，我到耶魯繼續攻讀物理化學博士，探索如數學般的優雅，那也是吸引我踏入這個科學領域的原因。我的研究生活便浸淫於量子力學和二階微分方程式，我的英雄們都是物理學界的巨擘：愛因斯坦（A. Einstein）、波爾（N. Bohr）、海森堡（W. Heisenberg）、狄拉克（P. Dirac）。我漸漸相信，宇宙萬物皆可以方程式和物理原理爲基礎去解釋。我讀過愛因斯坦的傳記，發現他雖然在戰後強烈支持猶太復國主義，卻並不相信耶和華，猶太人的上帝，那更加堅固我的結論：沒有任何會思考的科學家可以認眞接受上帝存在的可能性，除非他扼殺自己的知性。

於是我由不可知論者漸漸轉變爲無神論者。只要有人對我提到他們的屬靈信仰，我總是喜歡去質疑它們，把那樣的觀點斥爲感情用事或是老舊的迷信。

博士班讀了兩年，我的嚴謹的生活規畫開始瓦解。儘管每天準備關於理論量子力學的論文讓我樂在其中，但是我開始懷疑那是不是持續一輩子要走的路。量子物理大部分的成就似乎都在五十年前完成了，而我的事業很可能只是以不斷的簡化和逼近值去讓那些優雅卻無解的方程式更容易處理一些。更務實地說，我的生活差不多就是當個教授，沒完沒了地教熱力學和統計力學，面對一屆又一屆的研究生，無論他們對於那些課程是否覺得無聊或視爲畏途。

我在那時候爲了拓寬視野，選修了生物化學，開始探究我以前謹愼規避的生命科學。課程裡充滿驚奇。我以前一直沒有搞清楚的DNA、RNA和蛋白質的原理，對我開展它們令人驚豔的數字的優雅。以前我始終認爲以嚴謹的知性原理去理解生物學是不可能的事，現在它卻突然湧現出基因密碼的啓示。由於任意拼接不同的DNA片段的新方法（DNA重組）將臨，把所有這些知識用來造福人類的可能性似乎就要成眞。我非常驚訝。生物學畢竟也擁有如數學般的優雅。生命是有意義的。

那時候的我二十二歲，已婚而且有個聰明且打破沙鍋問到底的女兒，也比較社會化了。我年輕的時候經常喜歡獨處。現在，人際互動以及貢獻人類的渴望似乎比以前更加重要。我彙整所有突如其來的啓示，開始質疑以前所選擇的一切，包括我是否眞的適合探究科學或從事獨立研究。我快要完成我的博士學位，但是在認眞的捫心自問以後，我申請醫學院的入學許可。我以謹愼準備好的說辭試圖讓甄試委員們相信，如此的轉折其實是訓練未來的醫生們的自然途徑。而我心裡卻沒有那麼確定。畢竟，我不正是因爲要記一堆東西才討厭生物學的嗎？有任何學科比醫學更需要背誦的嗎？但是現在不一樣了：那是研究人類而不是龍蝦；在所有細節底下有些基本原理，而它最終可以改變眞實的人類的生活。

我獲得北卡羅萊納大學的入學許可。開學才幾個禮拜，我就知道到醫學院是正確的選擇。我喜歡那裡的知性的鼓舞、倫理的挑戰、人性的元素，以及人體驚人的複雜性。在第一學年的十二月，我想到如何去結合新歡（醫學）和舊愛（數學）。有一個嚴厲且不容易親近的小兒科醫生，他爲一年級醫科學生開一門整整六小時的醫學遺傳學的課，讓我看見我的未來。他帶了若干病患到教室裡，他們患有鐮狀細胞貧血症、半乳糖血症（無法攝食乳製品，甚至經常致死）、唐氏症，都是肇因於基因體裡的毛病，有些甚至只是一個「字母」（鹼基）出了差錯。

我非常驚訝於人類DNA密碼的優雅簡潔，以及它的複製機制中非常罕見的粗心大意所造成的多重影響。儘管距離眞正幫助許多罹患遺傳疾病的人們的可能性還很遙遠，我仍然一頭栽進這個學科裡。雖然那時候也看不到像「人類基因體計畫」深入一個人類心靈那樣重大且影響深遠的願景，我在一九七三年十二月開始走的路，卻讓我有幸參與了人類最具歷史意義的事業。

尷尬的時刻！

到了醫學院三年級，這條路也讓我開始了照顧病患的密集經驗。醫學院學生在擔任實習醫生時，也被拋到與許多個體從未想像過的親密關係裡，他們在生病以前，和醫生都是素昧平生。人們通常不願意交換太多私密的資訊，而如此的文化禁忌讓醫生們在和病患敏感的身體接觸時手足無措。那卻是醫病間經年累月且被尊重的契約的一部分。與重病或瀕死的病患的關係讓我非常震撼，而我掙扎著要維持執業的距離，完全沒有我的許多老師們諄諄教誨的那種情感投入。

在北卡大學和人們的病榻談話對我影響最深的地方，是他們許多人將要經歷的靈性層面。我見證了無數個體的病歷，他們的信仰讓他們堅信會得到最終的平安，無論在今生或來世，儘管在許多情況裡，他們的病痛都不是自己造成的。於是我認爲，如果信仰是心理的支柱的話，那麼它一定很有力。如果它只是文化傳統的虛飾，那麼爲什麼那些人不會對上帝揮拳，要求讓他們的朋友和家人別再胡說什麼仁慈的超自然力量了？

讓我最尷尬的時刻，是一個每天都得受苦於治不好的咽峽炎的老婦人問我相信什麼。那個問題很合理；我們討論過關於生死的其他重要問題，而她也和我分享她堅定的基督信仰。當我因吞吞吐吐地說「我不很確定」而感到臉紅耳赤時，她的驚訝溢於言表，卻讓我逃避了將近二十六年的困境得以紓解：我不曾認眞去思考信或不信的證據。

那個時刻在我心裡縈繞了好幾天。我不把自己當作科學家嗎？一個科學家會不考慮數據就下結論嗎？在人類的存在裡，有比「上帝是否存在」更重要的問題嗎？因爲故意的盲目以及只能說是傲慢的心態，我始終沒有認眞思考上帝或許是個眞實的可能性。我的所有論證突然間顯得很薄弱，我可以感覺到腳底下的冰層正在龜裂。

那個領悟是個非常駭人的經驗。如果我的堅定的無神論立場再也靠不住，那麼我是否得爲我寧願不想它的舉動負責呢？我是否會要其他人負責呢？現在這個問題迫切到無法迴避。

起初我確信：對於信仰的理性基礎的仔細探究會否定信仰的價値，而更加肯定我的無神論。但是我決定去正視那些事實，無論其結果如何。於是我走馬看花地瀏覽世界主要宗教。不同宗教的摘要版本裡（閱讀眞正的聖典對我而言太難了）只是讓我覺得更加神祕難解，而且我也不覺得其中有哪種宗教可以吸引我。我懷疑支撐那些宗教的屬靈信仰有任何理性的基礎。然而情況很快有了轉折。我去拜訪住在街角的衛理公會的教區牧師，想問他信仰是否合乎邏輯。他耐心聽完我絮絮叨叨的困惑（或許很褻瀆），然後從書架抽出一本小書，建議我讀看看。

那是魯益師的《返璞歸眞》（*Mere Christianity*）。其後幾天，我翻閱該書，很費力地消化那傳奇的牛津學者雄渾沉鬱的知性論證，於是我了解到，以前我用來否定信仰的似眞性的所有概念都只是小學生的想法。顯然我得把黑板擦乾淨，重新去思考人類最重要的問題。魯益師似乎知道我的所有抗辯，有時候我甚至還沒有想到呢。他總是在一、兩頁裡解決它們。後來我知道魯益師也曾經是無神論者，才明白爲什麼他那麼清楚我的思路。那也曾經是他的道路。

道德律是我信仰的起點

最讓我注意且完全動搖我對於科學與宗教的想法的論證，就在第一部裡：「探究宇宙的意義的是與非」。儘管魯益師所描繪的「道德律」是人類存在的普遍性質，但是我彷彿是第一次認識到它似的。

如果要理解道德律，就不妨像魯益師一樣，先思考為什麼大家每天都會提到它，卻不曾停下來指出其論證基礎。日常生活裡總會有些意見衝突。有些是生活瑣事，例如妻子批評先生對朋友說話不夠親切，或是孩子在生日派對裡被分配到的冰淇淋比較少而抱怨不公平。另外有些爭論則是意義比較重大的。例如在國際事務上，有些人主張美國有道德責任要把民主散播到全世界，即使必須動用武力，而有些人則認為侵略性且片面地使用武力和經濟力量，會損及道德威信。

在醫學領域裡，對於是否可以進行人類胚胎幹細胞的研究，則是正在激烈爭辯中。有些人認為那樣的研究侵犯了人類生命的尊嚴；有人則認為如果有可能減輕人類的痛苦，那麼就有著手研究的倫理權限。（該話題及生物倫理的其他兩難問題將於本書附錄裡詳論。）

請注意在這些例子裡，每一方都試圖訴諸沒有明講的更高標準。這個標準就是「道德律」。它或許也可以稱為「正當行為的法則」，在這些情境裡，它的存在似乎是無庸置疑的，而所爭辯的只是哪些行為更接近該法則的要求。那被指責不符要求者，例如對妻子的朋友不夠殷勤的丈夫，經常會找一堆藉口解釋為什麼他沒有責任。幾乎沒有任何回應者會說：「去你的正當行為概念啦。」

我們的情況則很奇怪：是非對錯的概念顯然是所有人類都共有的（儘管應用的結果差別很大）。因此它似乎比較像是自然法則的現象，例如萬有引力定律或狹義相對論的法則。但是在這個例子裡（如果我們對自己誠實的話），那是個牴觸了重要的規律性的法則。

我最多只能說，這個法則顯然只能適用於人類。儘管其他動物有時候似乎也會表現出道德感的跡象，但是那些現象當然不常見，而在許多例子裡，其他物種的行爲似乎完全沒有任何普世正義的感覺。科學家在列舉「智人」的特殊性質時一般會提到的，不外乎是非對錯的觀念、語言的發展、自我意識，以及想像未來的能力。

來自內心的良知

然而是非觀念是生而爲人的固有性質嗎？或只是文化傳統的影響呢？有些人認爲各種文化的行爲規範大相逕庭，所以任何關於普世的道德律的結論都是站不住腳的。魯益師研習過許多文化，他把該論點稱爲「一個謊言，一個看似很有道理的謊言。如果有人願意到圖書館花幾天時間仔細讀《宗教與倫理百科全書》（*Encyclopedia of Religion and Ethics*），他很快就會發現人類的實踐理性大規模的一致性。從《巴比倫的薩摩斯島讚歌》、《摩奴法典》、《死者之書》、《論語》、斯多噶學派、柏拉圖主義者、澳洲土著和紅人，他會看到他們異口同聲地譴責壓迫、屠殺、背叛和欺騙；同樣訓勉要體貼老弱婦孺，要樂善好施、公正和誠實。」②在某些不尋常的文化裡，律法則戴上讓人驚訝的面具，例如十七世紀美洲的焚燒女巫。但是如果我們仔細檢視一下，那些明顯的畸變其實可以視爲對於善惡或好人壞人的誤解。如果你堅信女巫是邪惡在人間的化身，或是魔鬼的門徒，那樣激烈的行爲是否似乎情有可原呢？

我要就此打住並且指出，主張「道德律」存在的結論，和時下的後現代主義哲學有嚴重的衝突，他們認爲並沒有絕對的對或錯，所有倫理的決定都是相對的。現代的哲學界似乎很流行這個看法，卻讓大部分的群眾很困惑，而且也蘊含著許多邏輯上的「自我矛盾」。如果沒有絕對眞理，那麼後現代主義自己是眞理嗎？的確，如果沒有是與非，就根本沒有理由去論辯什麼倫理學說了。

也有人會反駁說，道德律只是演化壓力的結果。這種抗辯來自新興的「社會生物學」領域，他們試圖以達爾文的物競天擇學說裡的正面價值爲基礎，去解釋「利他行爲」。如果該論證被證明成立，那麼把道德律的許多要求詮釋爲走向上帝的路標，就可能行不通，因此有必要更仔細探討這個觀點。

我們來看看關於道德律的力量的一個重要例子，也就是利他的衝動。良知的聲音呼喚我們去幫助別人，即使得不到任何回報。當然並非所有道德律的要求都要化約爲利他主義；例如說，因爲報稅時稍微扭曲事實而覺得良心不安，就很難被歸因於意識到他傷害了哪個人。

我們先搞清楚談論的是什麼東西。我所謂的「利他主義」並不是指「你搔我的背，我也搔你的背」那樣的行爲，也就是說互利的行爲。利他主義要有趣得多：那是眞正無私地爲他人奉獻自己，而絕對沒有其他動機。我們看到那樣的愛和慷慨時，我們心裡會充滿敬意。辛德勒（Oskar Schindler）在二次大戰期間冒著生命危險，保護一千多位猶太人免於納粹的屠殺，最後貧病交迫而死，我們對他的行爲肅然起敬。德蕾莎修女一直被譽爲二十世紀最偉大的人物，儘管她的守貧以及無私地奉獻給加爾各答的病患和臨終者，完全不同於主宰著我們現在文化的物質主義的生活型態。

有時候，利他的精神甚至可以擴及於誓不兩立的敵人。本篤會的修女卓滌娜（Sister Joan Chittister）③講過一個蘇菲教派的故事④：

從前有個老婦人，她習慣到恆河邊靜坐。有一天早上，她出定以後，看到一隻蠍子無助地在湍流裡漂浮。那隻蠍子漂近了些，纏到伸到河裡的樹根，牠拚命要掙脫，卻愈陷愈深。她趕緊把手伸向快要溺死的蠍子，但是一碰到蠍子，就被牠螫了一下。老婦人把手縮回來，恢復平衡以後，卻又想辦法要救起那隻蠍子。然而她每次的嘗試都被蠍尾刺得滿手是血，痛得齜牙裂嘴。路過的人看到老婦人努力要救蠍子，大叫說：「妳怎麼搞的，笨蛋！妳要害死自己去救那隻醜八怪嗎？」她凝視著陌生人回答說：「螫人是蠍子的本性，我為什麼要因為那樣就否定了自己想要拯救它的本性？」

這或許是很極端的例子，沒有很多人會冒險去救一隻蠍子。但是大部分的人一定都曾經感受到內心的召喚，要去幫助有困難的陌生人，即使不會得到任何的個人利益。如果我們眞的基於那衝動而行動，其結果經常是在心裡生起「爲所當爲」的溫暖感覺。

魯益師在他的傑作《四種愛》（*The Four Loves*）裡進一步探討這種無私的愛的本質，他稱它爲「無條件的愛」（agape），那是源自希臘文。他指出，這種愛不同於其他三種愛的形式（戀愛、友情以及浪漫的愛），那三種愛很容易以互惠的角度去理解，在其他動物當中也可以看到類似的表現。

「無條件的愛」或無私的利他，是對演化論者很嚴峻的挑戰。就化約論者的推論而言，那根本就是很荒謬的事。那是個體的自私基因努力要自我保存的本能衝動所無法解釋的。正好相反：它可能讓人們犧牲自己，無論是個人極大的痛苦、傷害或死亡，而沒有任何明顯的回報。然而如果我們仔細審視我們時而稱爲「良知」的內在聲音，實現那種愛的動機的確存在於我們心裡，儘管我們經常想要忽視它。

上帝在回頭看我嗎？

社會生物學家威爾森（E. O. Wilson）[5]曾經嘗試以利他精神的行爲者的某些間接再生利益去解釋該行爲，但是該論證很快就不攻自破。他的其中一個說法是：個體持續的利他行爲可以視爲擇偶的積極表徵。但是對於人類以外的靈長類動物的觀察卻正好相反，而與該假設有直接的衝突：例如剛取得主宰優勢的公猴的殺嬰行爲，是要保護牠自己未來的後代。另一個論證是說，就長期的演化而言，利他的行爲者可以間接得到互惠，但是這個說法仍然無法解釋人類「爲善不欲人知」的動機。第三個論證又說，團體裡的成員的利他行爲可以造福整個團體。他以螞蟻聚落爲例，無法生育的工蟻努力不懈地工作，以創造一個讓蟻后繁殖子孫的環境。但是這種「螞蟻的利他精神」，就演化的角度而言，也可以從以下的事實去解釋：那些刺激工蟻的基因，正是牠們的母親傳給他們幫忙繁殖的後代的基因。這種不尋常的DNA的直接聯繫，並無法適用於更複雜的群體，因爲演化論者幾乎一致認爲，選擇（selection）⑥是作用於個體，而不是群體。因此，公蟻忙碌擾攘的行爲，完全不同於那讓我不由自主地縱身入河拯救陌生的溺者的內在聲音，即使我不善泳而可能也淪爲波臣。再者，如果「利他行爲有利於群體」的演化論證成立的話，那麼它似乎有需要另一面的回應，也就是對於群體外的個體的仇視。而辛德勒和德蕾莎修女的「無條件的愛」卻證明這種思考與事實不符。

如果「人性法則」不能用文化遺產或是演化的副產品就搪塞過去，那麼我們如何解釋它的存在？其中眞正有不尋常的地方。用魯益師的話說：「如果在宇宙以後存在著主宰的力量，那麼它就不能對我們顯現爲宇宙裡的一種事實，正如房屋的建築師不會是屋子裡的一堵牆、台階或壁爐。它唯一可能的顯現方式，會是在我們心裡指導我們行爲的感應或命令。而那就是我們在內心裡所要尋覓的。對此我們需要懷疑什麼嗎？」⑦

二十六歲的我在面對該論證的時候，對於它的邏輯瞠目結舌。那個「道德律」藏在我心裡，就像日常生活的瑣事那樣熟稔，現在卻突顯爲清楚闡明的原理，它的強光照耀著我幼稚的無神論的內心深處，讓我不得不認眞思考其來源。這位上帝在回頭看我嗎？

如果是這樣，那會是怎樣一個上帝呢？那會是「自然神論」⑧的上帝嗎？祂是否像愛因斯坦所說的，在一百四十億年前發明了物理和數學，讓宇宙開始運動，然後雲遊他方，去做更重要的事？不，如果我有幸認識祂的話，祂必定是個「有神論」的上帝，祂想要和那些被稱爲人類的特別生物有某種關係，因此在我們每個人心裡灌注了對祂自身的隱約感覺。祂或許是亞伯拉罕的上帝吧，但是肯定不是愛因斯坦的上帝。

當我漸漸意識到上帝的本質以後（如果祂是眞實的），它對我產生了另一個影響。有鑑於「道德律」難以相信的高標準（我必須承認其實我經常違背它），它應該就是神聖且公義的上帝。祂應該就是善的化身。祂應該仇視惡。而且我沒有理由懷疑祂的仁慈和寬容。我慢慢明白上帝的可能存在時，心裡卻產生矛盾的感覺：如此浩瀚深邃的心靈存在固然讓我平安喜樂，但是想到我在祂的眼裡的種種缺點，卻讓我驚慌失措。

我的知性探索旅程原本是要證實我的無神論的。而隨著「道德律」（以及其他主題）的論證，我的理論已經土崩瓦解，使我不得不承認上帝存在的假設的合理性。而不可知論原本是個可靠的第二道防線，現在也隱隱然變成一種推託之辭。現在信仰上帝似乎比不信更合理一點。

我也明白了，儘管科學在揭露自然世界的奧祕方面的力量無庸置疑，卻無法幫助我解決上帝存在的問題。如果上帝存在，那麼祂必定是外在於自然世界，因此科學不會是認識祂的正確工具。相反的，如果我開始內省自身，上帝存在的證明就會在其他方向湧現，而最終的決定會是基於信仰，而不是證明。雖然對於我選擇的道路的種種不確定讓我困惑不安，我必須承認，我即將要接受屬靈的世界觀的可能性，包括上帝的存在。

往前走或回頭似乎都不可能。幾年前，我讀到范諾肯（S. Vanauken）[9]的一首十四行詩，正好是我的困境的寫照。其中寫道：

在可能性和證明中間平伸一道深淵。
我們不敢躍過，荒謬地佇立，
接著看到身後的大地沉陷，大禍就要臨頭，
我們的立足之地也將崩坍。
絕望的清晨
我們唯一的希望：跳進聖言裡
它打開塵封的宇宙。[10]

長久以來，我一直站在那展開的深淵邊緣顫抖著。終於，我看到無路可逃，於是縱身一躍。

科學家怎麼可能有那樣的信仰？宗教的許多主張，和那獻身於化學、物理、生物學和醫學研究的人「給我數據」的態度不是扞格不入嗎？當我打開內心的屬靈可能性時，是否也開啟了讓我疲於奔命的世界觀戰爭，而最終面對的是一無所獲的勝利？

---

①譯注：赫胥黎（T. H. Huxley, 1825-1895），英國生物學家，極力倡議達爾文主義，對於宗教則自稱為不可知論者。

②C. S. Lewis, "The Poison of Subjectivism," in *C. S. Lewis, Christian Reflections*, edited by Walter Hooper (Grand Rapids: Eerdmans, 1967), 77.

③譯注：卓滌娜（Sister Joan Chittister, 1936-），美國本篤會修女和作家，有35種著作，包括《路得的故事》。

④J. Chittister in F. Franck, J. Roze, and R. Connolly (eds.), *What Does It Mean To Be Human? Reverence for Life Reaffirmed by Responses from Around the World* (New York: St. Martin's Griffin, 2000), 151.

⑤譯注：威爾森（E. O. Wilson, 1929-），美國生物學家，對於宗教和倫理問題，主張科學的人文主義。所謂的社會生物學，他定義為「有系統地研究社會行為的生物基礎」。

⑥譯注：「指對某一群體中某一基因型的個體的生存與繁殖的有利過程。」（《牛頓生物辭典》）

⑦C. S. Lewis, *Mere Christianity* (Westwood: Barbour and Company, 1952), 21.

⑧譯注：自然神論（deism）承認有一個創造世界的位格神，但是祂不進一步主宰世界。

⑨譯注：范諾肯（S. Vanauken, 1914-1996），美國作家，其自傳體作品《嚴厲的慈悲》（*A Severe Mercy*）談到他和魯益師的友誼、歸信基督以及面對痛苦的歷程。

⑩S. Vanauken, *A Severe Mercy* (New York: HarperCollins, 1980), 100.

第二章

世界觀的戰爭

如果你剛讀這本書時還是個懷疑論者，而努力跟我廝混這麼久，難怪你要抗議不絕。我當然也有我自己的抗議：上帝的存在難道不是一廂情願的想法嗎？許多傷害不是假宗教之名造成的嗎？一個慈愛的上帝怎麼會容許苦難的存在呢？一個嚴謹的科學家怎麼可能接受神蹟的可能性呢？

如果你是信徒，我在第一章所說的或許可以堅定你的信心，但是你的信仰總會和來自你自己或周遭的人們的質疑有所衝突。

懷疑是信仰裡不可避免的一部分。用保羅・田立克（Paul Tillich）的話說：「懷疑不是信仰的對立面；它是信仰的一個元素。」①如果支持信仰上帝的例證都無懈可擊，那麼世界應該只會有一種信仰的信徒。但是想像一下，如果證據的確定性剝奪了自由選擇信仰的機會，那會是什麼樣的世界？那還有什麼樂趣可言？

對於懷疑論者和信徒而言，懷疑有許多來源。其中一個範疇是有鑑於宗教信仰的主張和科學觀察的衝突。那些問題，尤其是在生物學和遺傳學領域裡的問題，將在接下來的幾章裡處理。本章的主題是那些在關於人類經驗的哲學範疇裡的問題。如果你不覺得這些問題對你有什麼困擾，那麼可以直接跳到第三章。

處理這些哲學問題，我基本上是個門外漢。然而我一樣有那些困擾。尤其是在我開始接受一個關心人類的上帝存在的第一年裡，各種懷疑從四面八方湧上來。雖然那些問題乍看之下都很新鮮而難以回答，但是當我知道每個抗辯莫不是幾個世紀以來由許多人慷慨激陳的，也就稍感安慰。最讓我高興的是，對於那些兩難問題，甚至存在著許多令人動容的答案。我在本章裡會提到其中某些作者，再輔以我自己的思考和經驗。許多能近取譬的分析，都來自我所熟知的那位牛津學者魯益師。

雖然有那麼多反駁意見要處理，我認爲有四個問題對於初信者是最麻煩的，我也相信對於正要決定是否要信仰上帝的人們而言，那也是他們最關心的。

問題一：「上帝」這個概念，是否僅僅是願望的滿足？

上帝眞的存在嗎？那充斥於所有文化裡的超自然存在的探索，是否代表著人類普遍卻沒有根據的渴望：在我們以外或許有個存有者，能夠爲沒有意義的生活賦與意義，並且解除死亡的痛苦？

儘管現代的人們忙碌且過度刺激的生活多少排擠了對於神聖者的追尋，它仍然是人類最普遍的努力目標之一。魯益師在他的絕妙作品《驚喜》（*Surprised by Joy*）裡談到在他的生命裡的這個現象，某種像幾行詩那麼單純的東西，在他的生命裡觸動了那個強烈渴望的感覺，而他稱它爲「喜悅」。他把那個經驗描繪爲「一個不滿足的欲望，而那欲望本身卻比任何其他滿足都要讓人渴望」②。我可以清楚回想我自己生命的某些時刻，那刻骨銘心的渴望感覺，悲喜交集驀然襲向我，讓我不禁懷疑如此強烈的情緒來自何方，這樣的經驗如何才能平復。

我記得在十歲的時候，有個經驗讓我欣喜若狂，在我們家農場附近的山丘上，有個業餘的天文學家設置了一座望遠鏡，我透過望遠鏡感受到宇宙的廣袤無垠，看見月球表面的火山口，以及昴宿星團神奇的璀璨星光。我也記得在十五歲的時候，在耶誕夜裡響起一首耶誕頌歌的變奏曲，比一般熟知的音調更甜美且眞實，讓我突然生起敬畏和莫名的渴望。多年以後，身爲一個無神論的研究生，我意外體驗到同樣的敬畏和渴望，這次卻摻雜著特別深層的哀傷，就在貝多芬英雄交響曲第二樂章演奏的時候。當全球一起哀悼在一九七二年的奧運裡被恐怖份子殺害的以色列運動員時，柏林愛樂交響樂團在奧林匹克運動場悠揚演奏C小調哀歌的動人曲調，揉合了崇高和悲劇、生命和死亡。在那個瞬間，我從唯物論的世界觀被舉揚到一個無以名狀的屬靈向度，一個讓我詫異的經驗。

其後，身爲一個科學家，我偶爾有明顯的特權，得以去發現人類未知的東西，在那靈光乍現的片刻，有一種很特別的喜悅。當我窺見了科學眞理的曙光時，既覺得滿心歡喜，又渴望去理解某種更偉大的「眞理」。在那樣的時刻裡，科學就不再只是探索的歷程。它讓科學家沉醉於一個無法以完全自然主義的解釋去形容的經驗。

那麼我們該如何去解釋這些經驗？那渴望比我們更偉大的東西的感覺是什麼？那是否僅僅是某種神經傳導物質的組合，它們準確著陸於正確的受體，在腦部深處放電？或者就像前一章所說的「道德律」，是某個超越者的一種暗示，一個深藏於人類精神裡的路標，指向某種比我們自己更莊嚴崇高的東西？

無神論者認爲，我們不能就此相信那樣的渴望是某種超自然存有的指標，而我們會把敬畏的感覺解釋爲對上帝的信仰，只不過是代表著一廂情願的思考，因爲我們希望它是眞的，也就會期待肯定的答案。在佛洛伊德（Sigmund Freud）的作品裡，該觀點被讀者津津樂道，他主張說，對於上帝的願望深植於童年的經驗裡。佛洛伊德在《圖騰與禁忌》（*Totem and Taboo*）裡說：「對於人類個體的精神分析可以很確定地告訴我們，他們每個人的神都是依據父親的形象構成的，他和神的個人關係也取決於他和親生父親的關係，並且隨著那關係而有所改變，究其極，神只不過是一個被誇大的父親形象而已。」③

這種「願望的滿足」論證的問題在於它並不符合世界主要宗教裡的神的性格，哈佛大學的心理分析教授尼可里（Armand Nicholi）在他優雅的近作《上帝的問題》（*The*

Question of God）裡比較佛洛伊德和魯益師的觀點④。魯益師認爲，那種「願望的滿足」可能產生和《聖經》裡所描繪的上帝極爲不同的神。如果我們尋找的是有求必應而且溺愛的神，那麼在《聖經》裡是找不到的。相反的，如果我們開始努力處理「道德律」的存在以及我們無法滿足它的明顯事實，我們會明白自己身陷困難，並且可能違背該道德律的制訂者。孩子長大後，對於父母不是會有像是渴望自由之類的矛盾感情嗎？所以，爲什麼「願望的滿足」會推論出對上帝的渴望，而不是渴望沒有上帝呢？

最後，用簡單的邏輯觀點來看，即使我們承認上帝可能是人們所渴望的，那就排除了上帝眞實存在的可能性嗎？絕對不是。我渴望一個可愛的妻子，並不會因此就讓她變成夢幻泡影。農夫期待天降甘霖，也不會因此讓他質疑未來下雨的可能性。

其實我們可以把「願望的滿足」的論證倒過來看。人類爲什麼會有這種普遍而獨特的渴望，如果它沒有半點實現的機會的話？魯益師說得好：「除非願望能夠被滿足，否則生命不會天生就有那些願望的。一個嬰兒會覺得餓：是啊，因爲有食物那樣的東西。小鴨子想要游泳：是啊，因爲有水那樣的東西。人類會想要作愛：是啊，因爲有性愛那檔子事。如果我渴望一種在這個世界裡所有經驗皆無法滿足的東西，那麼最可能的解釋是：我是爲另一個世界而生的。」⑤

對於神聖者（人類的經驗裡最普遍且困惑的一面）的嚮往，有沒有可能不是什麼願望的滿足，而是指向在我們以外的東西？我們爲什麼在心裡會有「神形的空虛」（God-shaped vacuum）⑥，如果那不是要被滿足的？

在現代的物質主義世界裡，我們很容易忽略了渴望的感覺。安妮·狄勒（Annie Dillard）在她美妙的文集《教石頭說話》（*Teaching a Stone to Talk*）裡談到不斷變大的空虛：

> 現在的我們不再是原始民族。現在整個世界似乎不再神聖……。我們是從汎神論轉變為汎無神論的民族……。我們的損失難以彌補，以前被我們拋棄的，現在再也無法喚回。褻瀆了神聖的荊棘叢，就很難再改變你的心。我們用水澆熄了燃燒的荊棘，就無法再點燃它。我們是在蔥綠的樹下白費力氣地點火柴。以前風不是在呼嘯而山丘也大聲讚美嗎？如今地球上無生命的萬物也不再說話，而生物也幾乎闇啞無聲……然而只要有運動，就會有噪音，就像鯨魚呼吸和噴水，只要有靜止，就會有微細寂靜的聲音、神在旋風裡的回答、自然古老的歌聲和舞蹈，被我們趕出城外的表演……我們在這幾個世紀裡所做的，只是試圖叫上帝回到山裡去，或者只是讓我們以外的萬物犯嘀咕呢？主教堂和物理實驗室有什麼

差別呢？它們不都是在說哈囉嗎？⑦

問題二：所有以宗教之名的惡行是怎麼回事？

在整個歷史裡，有足夠的證據顯示，許多可怕的事假藉宗教的名義發生，對於許多認眞的追尋者而言，那是個很嚴重的障礙。幾乎所有信仰或多或少都有這種事，包括那些在其教義裡倡言慈悲和非暴力的宗教。面對這些露骨的濫權、暴力和僞善的例證，我們怎麼信服那些爲非作歹者所推廣的教義呢？

關於這個難題則有兩種答案。第一，我們也不要忘記很多美好的事也是以宗教之名完成的。教會（我指的是廣義的宣教團體，而不特別指涉任何信仰）在支持正義和善行方面經常扮演關鍵的角色。就以幫助民族掙脫壓迫者的統治的宗教領袖爲例，包括摩西帶領以色列民族出埃及、威伯福斯（W. Wilberforce）⑧說服英國國會廢除奴隸制度，以及金恩博士（Martin Luther King Jr.）領導美國民權運動而最終殉難。

第二個回答則是回歸到「道德律」以及人類總是無法恪守該律法的事實。教會是由墮落的民族組成的。屬靈眞理純淨清澈的聖水被盛在生鏽的容器裡，教會若干世紀以來層出不窮的缺陷不能投射到信仰本身，彷彿是聖水出了問題似的。如果人們以特定的教會去評斷屬靈信仰的眞理和吸引力，也就難免心生排斥。伏爾泰非常厭惡法國大革命初期的法國天主教會，他說：「當教會如此窮凶極惡時，世界上有無神論，那有什麼好奇怪的呢？」⑨

我們不難找到若干例子，證明教會所獎勵的行爲公然牴觸其信仰所支持的原則。當中世紀的教會發動暴力的十字軍東征，以及後來一連串的宗教裁判時，早就把基督在登山寶訓裡談到的天國八福拋到腦後。儘管穆罕默德不曾以暴力回應迫害者，但是伊斯蘭的聖戰，從他最早的門徒到二〇〇一年的911恐怖主義攻擊事件，都給人們錯誤的印象，以爲伊斯蘭信仰在本質上是暴力的。即使是諸如印度教和佛教所謂非暴力信仰的信徒，偶爾也會捲入暴力衝突，就像最近在斯里蘭卡發生的事件。

玷污宗教信仰的眞理的，不只是暴力而已。許多宗教領袖下流僞善的例子，經由媒體力量的披露，使得許多懷疑論者認定宗教裡沒有任何客觀的眞理或善。

或許更普遍的隱憂是許多教會的屬靈死亡，也就是世俗化的信仰，它拋棄了傳統信仰的所有聖祕（numinous）層面，表現一種只關心社會事件和傳統的精神生活，而不再追尋上帝。

而某些評論者把宗教說成社會的負面力量或如馬克思所說的「人民的鴉片」，那有什麼好奇怪的？但是我們要注意一點。在蘇聯以及毛澤東的中國規模龐大的馬克思主義的實驗，旨在建立以無神論爲基礎的社會，結果卻是比近代任何政權都更容易犯下屠殺百姓和濫權的惡行。其實，無神論否定了任何更高的權威以後，也就更能夠讓人類完全免除不得彼此傾軋的義務。

因此，儘管宗教壓迫和僞善的長久歷史讓人深思，認眞的追尋者卻必須探究醜陋人性的行爲背後的眞相。你會因爲橡樹被用來當作撞城門的巨木就怪罪它嗎？你會因爲空氣讓謊言散布就責備它嗎？你會根據五年級學生嘔啞嘲哳的彩排演出去評斷莫札特的《魔笛》嗎？如果你不曾見過太平洋的落日，你會拿旅遊手冊當替代品嗎？你會只以鄰居暴力相向的婚姻就去評斷浪漫的愛的力量嗎？

不，對於信仰的眞理的評判，是要審視那清澈純淨的聖水，而不是生鏽的容器。

問題三：為什麼慈愛的上帝容許世界裡有苦難？

世界裡或許有某個地方是從來都沒有痛苦的。我不知道有這樣的民族，我想也沒有任何讀者會說他屬於那個範疇。這個普遍的人類經驗讓人們質疑慈愛的上帝的存在。魯益師在《痛苦的奧祕》（*The Problem of Pain*）裡曾提到這種論證：「如果上帝是善的，祂會希望讓祂的受造者完全幸福，如果上帝是全能的，祂會有能力實現祂的願望。但是受造者並不幸福。因此，上帝不是沒有善就是沒有能力，或是兩者皆沒有。」⑩

對此難題有若干回答方式。有些比較容易接受。首先，我們得承認，我們自己以及其他人的痛苦，多半是彼此造成的。千百年來，發明奴隸制度、弓箭、槍械、砲彈以及一切其他刑求工具的是人類，而不是上帝。小孩子被酒醉駕駛撞死、死於戰場的無辜男人、年輕女孩在盜賊猖獗的現代城市裡被流彈打死，這些悲劇都很難怪罪上帝。畢竟我們被賦與自由意志，擁有爲所欲爲的能力。我經常用這個能力去和道德律作對。當我們這樣做的時候，就不該爲其後果責怪上帝。

上帝應該限制我們的自由意志以防範那些惡行嗎？這樣的想法馬上就會遇到無法理性解決的難題。魯益師很明確地指出：「如果你選擇說『上帝可以給受造者自由意志，同時也可以收回去』，那麼關於上帝，你什麼也沒說：語詞無意義的組合不會因爲在前面加上『上帝可以』就突然變得有意義了。荒謬的總歸是荒謬的，即使我們用它來談論上帝。」⑪

當無辜的人蒙受極度的痛苦時，理性的論證可能一樣難以接受。我認識一個大學學生，她在暑假一個人住，爲了準備當內科醫生而做醫學研究。她在深夜醒來，發現有一陌生男子闖入她的宿舍。他用刀子抵住她的喉嚨，無視於她的哀求，蒙上她的眼睛，壓在她的身上。他蹂躪了她，多年來那噩夢始終揮之不去。那個作案者也始終沒有就擒。

那個年輕女子是我的女兒。對我而言，沒有任何惡行比那晚的事更令人髮指的，而我也不曾像那晚一樣渴望上帝能夠阻止那可怕的暴行。祂爲什麼不用雷劈死那個壞蛋，或至少讓他受到良心的譴責？祂爲什麼不在我女兒周圍設置一個隱形的防護罩來保護她？

或許，在很罕見的情形裡，上帝的確會行神蹟。但是大部分的時候，自由意志和物理世界的秩序兩者的存在是不能改變的事實。儘管我們或許會希望有更頻繁的神蹟，但是干預這兩組力量的結果只會天下大亂。

那麼自然災害呢？地震、海嘯、火山爆發、洪水和饑荒？或是規模沒有那麼重大且強烈的無辜者的疾病，像是罹患癌症的小孩？英國聖公會牧師、著名的物理學家鮑金霍恩（J. Polkinghorne）曾經把這類的事件稱爲「物理惡」（physical evil），而對比於人類所犯的「道德惡」。我們如何去證成它呢？

科學告訴我們，宇宙、我們的星球以及生命本身，都參與了演化的歷程。其結果包括變幻莫測的天氣、地球板塊的滑動，或是在正常的細胞分裂過程中癌症基因的拼錯。如果神在太初選擇用這些力量去創造人類，那麼其他不可避免的痛苦結果也就都預定好了。經常性的神蹟介入，和人類自由意志的干預行動一樣，都會造成物理世界的混亂。

許多深思熟慮的探索者會認爲，這些理性解釋都少了一個對於人類存在的苦難的證成。我們的生命爲什麼是個涕泣之谷，而不是歡喜的樂園？許多文章都談到這個顯見的弔詭，而結論也很讓人很難接受：如果神是慈愛的，也衷心祝福我們，那麼祂的計畫或許不同於我們的計畫。這是個很難懂的概念，尤其是如果我們習慣了慈愛的神的版本，亦即祂一切所欲著都是要讓我們永遠幸福。魯益師則說：「其實，我們要的不是天父，而是天國爺爺，一種長者的慈愛，正如所謂的『喜歡看到年輕人享受人生』，而祂對世界的計畫，就是讓人們在每一天結束都能夠說『眞是美好的一天』。」⑫

就人類存在而論，如果我們認爲神是慈愛的，祂對我們的要求顯然不僅止於此。那事實上不就是你自己的存在嗎？你在稱心如意時更能認識自己，或是在面對挑戰、挫折和苦難時呢？「神對我們的喜樂輕語，對我們的良心說話，但是對我們的苦難大吼：那是祂要對世界振聾發聵的擴音器。」⑬雖說我們都不想要那些經驗，但是沒有了它們，我們會不會變成膚淺而自我中心的動物，最後失去所有的高貴情操以及淑世的理想？

試想：如果我們在這世界上最重要的決定是關於信仰的決定，如果我們在這世界上最重要的關係是與神的關係，而如果我們作爲屬靈存有者的存在並不限於我們在塵世可知和可觀察的東西，那麼人類的苦難就有了新的背景。我們或許無法完全明瞭這些苦難存在的理由，但是我們可以開始接受那或許有理由的。就我而言，我可以隱約看到，我女兒的不幸對我是個挑戰，要我在極度痛苦的情況下去學習寬恕的眞正意義。老實說，我還在努力當中。或許那也是一個機會，讓我認識到我無法保護我的女兒免於一切痛苦和煩惱；我必須它她們交給神的慈怙，我知道那無法阻止所有的惡，但是那會讓我相信一切苦難都不會是沒來由的。的確，我女兒會說，這個經驗給她一個機會和動機，去給與那些經歷相同暴力的人們諮商和安慰。

神可以克服仇恨，這個想法並不容易接受，而唯有在涵攝了屬靈視角的世界觀裡才找得到精神支柱。在苦難中成長的道理，其實在世界各種偉大的信仰都看得到。佛陀在鹿野苑初轉法輪時宣說的四聖諦，便以「苦諦」爲開端。對於信眾而言，對於苦諦的如實理解，很弔詭地就是大解脫的根源。

例如說，我在當實習醫生時照顧的那名女子，她順服地接受她的絕症，因而挑戰我的無神論，她把她的生命終曲視爲帶領她接近上帝而且不再離開的一個經驗。而在更大的歷史舞台上，德國神學家潘霍華（Dietrich Bonhoeffer），當德國的基督教教會當局表態支持納粹黨時，他自願從美國回到德國去，盡一切努力維繫眞實的教會於不墜，因爲參與密謀行刺希特勒而被囚禁。他在獄裡的兩年期間經歷巨大的侮辱，也喪失了自由，但是他從未放棄信仰和對神的讚美。在德國投降的三個禮拜前，他被處以絞刑，在行刑前寫說：「當我們沒有過著一個充實的人類生活時，那是一個失落的時代，而時代會因爲經驗、創造性的努力、喜樂和苦難而更加豐富。」⑭

問題四：一個理性的人怎麼會相信有神蹟？

最後，我們來看看科學家尤其敏感的一個對於信仰的反駁。神蹟如何和科學的世界觀和解？

照現代的說法，我們把「神蹟」這個詞變得很廉價。我們會談到「神奇的藥」、「神奇瘦身法」、「滑冰奇蹟」甚至「神奇的大都會隊」。但是那些當然不是「神蹟」的原義。更精確地說，神蹟是自然律無法解釋的事件，因此被認爲是源自超自然界。

所有宗教都包含著對於神蹟的信仰。在〈出埃及記〉裡，以色列人在摩西的帶領下渡過紅海，並且把法老的士兵都淹沒，就是關於神旨讓其子民不致滅亡的一個著名故事。同樣的，當約書亞向耶和華禱告不讓太陽落下好繼續打仗，而太陽果眞在天空當中停住，也只能說是神蹟。

在伊斯蘭教裡，《古蘭經》是始自穆罕默德在麥加附近的山洞得到天使吉卜利里的啓示。穆罕默德登霄而有機會見到天園和火獄的種種面貌，顯然也是神蹟。

在基督宗教裡，神蹟所扮演的角色特別吃重，尤其是最重要的神蹟：基督從死裡復活。

自詡爲理性的現代人類的我們，如何能夠接受這種說法呢？當然，如果預設了不可能有超自然事件，那麼也就不會容許有神蹟。我們再回到魯益師去，他在《神蹟》（*Miracles*）裡對此有尤其清楚的思考。「任何可以稱爲神蹟的事件，終究得呈現在我們的感官面前，被看到、聽到、觸摸到、聞到或嚐到。而我們的感官並不是完全可靠的。如果發生了什麼異常的事，我們總是會說是被幻覺欺騙了。如果我們主張一個不承認超自然事物的哲學，那麼我們就會這麼說。我們會擁有什麼樣的經驗，端視於我們賦與經驗什麼樣的哲學。因此，在我們解決哲學問題以前就訴諸經驗是沒有用的。」⑮

我們來看看以下的分析，雖然可能會嚇著那些不喜歡以數學的方式去探討哲學的人們。貝斯牧師（T. Bayes）⑯是蘇格蘭神學家，他的神學默默乏人問津，但是他提出的機率定理卻很有名。貝氏定理提出一個公式，可以根據初始資訊（「事前機率」）和額外的資訊（「條件機率」）去計算觀察某個事件的機率。當對於某個事件的發生有兩種以上的可能解釋時，他的定理特別有用。

我們看看以下的例子。你被一個瘋子抓起來。他給你一個釋放的機會，他讓你從一副紙牌裡抽一張牌，把牌放回去洗一洗牌，然後再抽一張。如果你兩次都抽中黑桃A，你就獲釋了。

儘管你懷疑是否值得一試，但還是照著做，結果你很意外地連續抽到兩次黑桃A，於是你的手銬被解開，你也回家去。

假設你平常有數學興趣，於是計算一下這個好運的機率是：1/52*1/52=1/2704。很不可能的事，但它就是發生了。然而，幾個禮拜後，你發現原來是一家紙牌工廠裡好心的員工，知道了那個瘋子打賭的事，於是在每一百副牌裡摻雜一副全部是黑桃A的牌。

所以那不全然是運氣好？或許你在被擄時並不知道有個聰明而仁慈的存有者（那個員工），他的干預增加了你獲釋的機率。你所抽的那副紙牌有99/100的機率是正常的52張不同的牌；有1/100的機率是全部由黑桃A組成的怪牌。對於這兩種可能的出發點而言，連續兩次抽到黑桃A的機率分別是1/2704和1。現在我們可以用貝氏定理去計算「事後」機率，得出你所抽的紙牌有百分之九十六的機率是一個「神蹟」。

同樣的分析也可以用在日常經驗裡看似神蹟的事件。假設你發現隨時都有致命危險的末期癌症居然自動痊癒了。那是一個神蹟嗎？若要以貝氏定理去評斷該問題，你必須先設定癌症的神蹟療癒的「事前」機率爲何。是千分之一嗎？或是百萬分之一？或是零？

當然，理性的人們對此絕對是不表贊同，甚至吵嚷不休。對於拳拳服膺的唯物論者而言，根本就不容許有任何神蹟的機率（他的「事前」機率爲零），因此再怎麼不尋常的癌症療癒都不被承認爲神蹟的證據，反而會歸因於自然世界裡偶爾會出現的怪事。然而，相信上帝存在的人們，在檢視證據以後，可能會推論說，任何已知的自然歷程都不會發生這種療癒，而既已承認神蹟的事前機率，儘管微乎其微，卻不會是零，那麼他會以自己（很不正式）的貝氏定理去得出神蹟可能存在的結論。

凡此一切只是在說明，關於神蹟的討論，一下子就轉移到關於是否願意去考慮任何超自然事物的可能性的論證。我相信那個可能性的存在，但是一般而言，「事前」機率應該很低。這是在任何情況下去解釋自然時應該有的假設。出人意料而又在塵世裡發生的事件並不自動成爲神蹟。「自然神論者」（deist）主張神創造了世界以後就到別的地方去做別的事了，他們和虔誠的唯物論者一樣認爲沒有理由把自然事件視爲神蹟。對於相信神涉入人類生活的有神論而言，他們可能會採用各種關於神蹟的假設，取決於個人認爲神介入日常生活的可能性有多高。

無論個人的觀點爲何，在解釋可能的神蹟事件時最好採取健康的懷疑論態度，以免宗教觀點的完整性和合理性被質疑。唯一比虔誠的唯物論更有害於神蹟的可能性的，就是主張自然解釋可及的日常事件也是神蹟。主張花開也是一個神蹟，無異於挑戰植物學的理解，它會從種子萌芽一路解釋到美麗芬芳的玫瑰的綻開，一切都由植物的 DNA 指導手冊決定。

同樣的，如果有人贏得彩券，並宣布那是個神蹟，因為他禱告祈求該結果，那也會讓我們無法置信。畢竟，我們現代社會的信仰還算是普及，在那個禮拜很可能有許多信徒買彩券並且祈禱中獎。若是如此，那麼中獎者宣稱有神蹟，聽起來就有點虛假。

更難以評斷的還有疾病的神奇療癒。作為一個醫生，我有時候也會看到藥石罔顧的病患康復。然而雖然我們對於疾病及其對人體的影響所知有限，我還是很不願意把那些事件歸因於神蹟的干預。當那些神奇療癒的聲稱被客觀的觀察者仔細檢驗時，經常是站不住腳的。儘管我有種種疑慮，並且堅持那些聲稱必須有大量證據的支持，然而在極為罕見的情況下發生的神蹟療癒，卻不會讓我太意外。我的「事前」機率很低，卻不是零。

因此，對於相信科學是探究自然的工具、並且認為自然世界有法則在支配著的人們而言，神蹟並不是無法和解的衝突。如果你和我一樣也承認在自然以外或許存在著某個事物或某個人，那麼便沒有什麼邏輯的理由說那力量在罕見的情況裡不能干預自然。另一方面，爲了不讓世界陷於混亂，神蹟也必須是絕無僅有的。誠如魯益師所說的：「上帝不會像撒胡椒那樣讓神蹟任意抖落到自然裡。它們只在重要的時刻出現：在歷史的偉大轉捩點上——那不是政治或社會的歷史，而是人類無法完全明白的屬靈歷史。如果你們的生命不曾接近那樣的偉大轉捩點，你們怎麼能期望看到神蹟呢？」⑰

我們於此看到的不只是關於神蹟的罕有性的論證，其中也蘊含著神蹟必須有某種目的，而不是善變的魔術師用來唬人的超自然行爲。如果神是全能和至善的究竟體現，那麼祂就不會是個惡作劇鬼。鮑金霍恩對此很中肯地說：「神蹟不能被詮釋爲與自然律對立的神性行動（因爲自然律本身就是神的意志的表現），而是關於神與受造物的關係的深層啓示。可想而知，神蹟所傳達的理解必定比沒有神蹟的世界要深刻得多。」⑱

儘管如此，那些不願承認任何超自然概念的唯物論的懷疑者，他們拒絕來自道德律和對神的普遍渴望的證據，無疑地會說，根本就不需要考慮神蹟這回事。在他們的觀念裡，自然律就可以解釋一切，即使是極其難以置信的東西。

但是這種觀念完全站得住腳嗎？歷史裡至少有一個絕無僅有的、極其不可思議且深刻的事件，是所有領域的科學家一致認爲永遠無法理解的，而且也無法以自然律去解釋的。那會是一個神蹟嗎？那就往下讀吧。

①P. Tillich, *The Dynamics of Faith* (New York: Harper & Row, 1957), 20.
②C. S. Lewis, *Surprised by Joy* (New York: Harcourt Brace, 1955),17.
③S. Freud, *Totem and Taboo* (New York: W. W. Norton, 1962).
④A. Nicholi, *The Question of God* (New York: The Free Press, 2002).
⑤C. S. Lewis, *Mere Christianity* (Westwood: Barbour and Company, 1952), 115.
⑥譯注：「神形的空虛」，一般訛傳語出巴斯噶（Pascal），意思是說神在造人時在人心裡放進神形的空虛，只有神自己才能滿足它。
⑦A. Dillard, *Teaching a Stone to Talk* (New York: HarperPerennial, 1992), 87-89.
⑧譯注：威伯福斯（William Wilberforce, 1759-1833），英國議員，鼓吹廢除奴隸制度。
⑨Voltaire quoted in Alister McGrath, *The Twilight of Athism*(New York: Doubleday, 2004), 26.
⑩C. S. Lewis, *The Problem of Pain* (New York: MacMillan, 1962), 23.
⑪同前揭書，第25頁。
⑫同前揭書，第35頁。
⑫同前揭書，第83頁。
⑭D. Bonhoeffer, *Letters and Papers from Prison* (New York: Touchstone, 1997), 47.
⑮C. S. Lewis, *Miracles: A Preliminary Study* (New York: MacMillan, 1960), 3.
⑯譯注：貝斯（Thomas Bayes, 1702-1761），英國數學家和長老會牧師。
⑰ C. S. Lewis, *Miracles: A Preliminary Study* (New York: MacMillan, 1960), 167.
⑱J. Polkinghorne, *Science and Theology—An Introduction* (Minneapolis: Fortress Press, 1998), 93.

第二部 ◀ 人類存在的大哉問

第三章 宇宙的起源

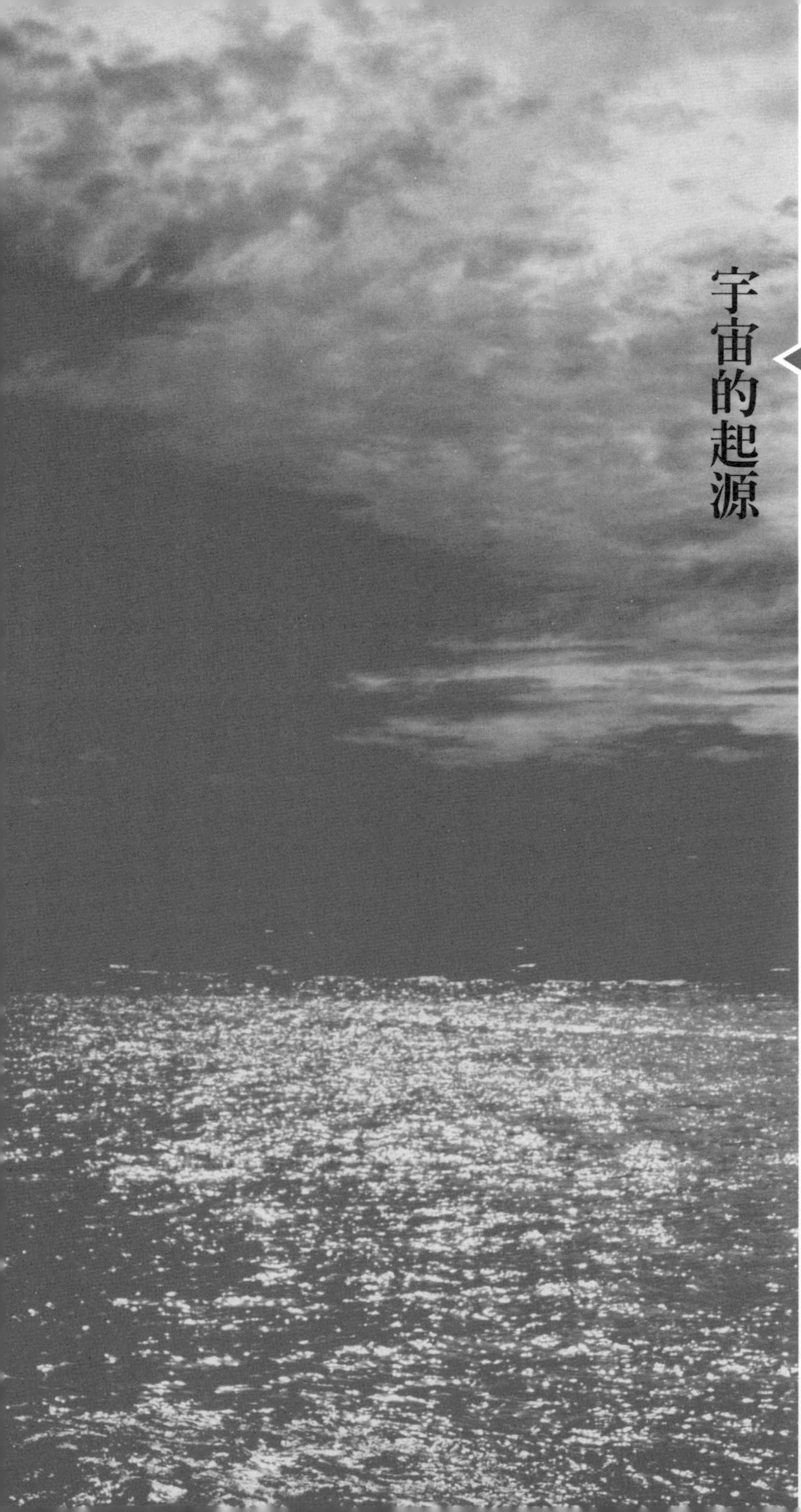

兩百多年前，歷史上最有影響力的哲學家康德（I. Kant）說：「仰瞻天上的炳朗日星，俯撫心中的道德法則；我們對此二者愈是靜省深思，愈是新增驚嘆與敬畏之感。」歷史裡所有的宗教幾乎都努力要去理解宇宙的起源和全體大用，無論是對於太陽神的民間崇拜、給日蝕之類的現象賦與靈性的意義，或只是對於天體的奧祕的敬畏之感。

康德的一席話只是哲學家對於科學發現的無助的感嘆？或是在宇宙起源的重要問題上，科學和宗教其實可以獲致和諧？

獲致和諧的阻礙之一在於科學並不是靜態的。科學始終會探觸到新的競技場，以新的方法去探究自然，深掘那沒有未完全被理解的領域。面對複雜難解的現象的種種資訊，科學家構作了機械論的假設，並且對於那些假設設計實驗。許多觸及科學邊緣的實驗都失敗了，大部分的假設也都被證明有誤。科學是日新月異且自我修正的：任何有重大錯誤的結論或假設都無法維持很久，新的觀察終究會瓦解不正確的結構。但是長期看來，一組一致的觀察有時候會得出新的理解架構。然後對於該架構有更多的實質描述，就是所謂的「理論」——例如萬有引力理論、相對論或微生物病原理論。

一個科學家最大的願望，就是從事一個震撼研究領域的觀察。科學家們都有潛在的無政府主義傾向，希望有一天可以發現某個意外的事實，而瓦解當時的架構。此即諾貝爾獎的設置目的。就此而論，如果臆測說科學家們會密謀維繫一個流行的理論，即使它其實包含了嚴重的錯誤，那和科學家們躍躍欲試的心態正好完全相反。

宇宙起源的衝擊

太空物理的研究是對於該原理的絕佳例證。過去五百年來，太空物理產生了劇烈的變化，期間對於物質的本性的理解以及宇宙的結構，都有重大的修正。未來無疑地會有更多的修正在等著我們。如果要在科學和信仰之間謀求滿意的妥協，這些顛覆有時候是很猛烈的，尤其是如果教會堅持對事物的某些成見，而又整合到它的核心信仰體系裡。現在的和諧可能是未來的衝突。

在十六、十七世紀裡，哥白尼、克卜勒和伽利略（他們都是篤信上帝者）前仆後繼地說服人們，唯有地球繞日說（而非其他方式）才能合理解釋行星的運行。他們論證的細節並非完全正確（伽利略在解釋潮汐時犯了很有名的可笑錯誤），而且許多細節原本也無法讓科學社群信服，但是理論預測的資料和一致性最後甚至說服了最懷疑的科學家們。然而，天主教會還是強烈駁斥，主張說該理論牴觸了《聖經》。現在回想起來，那些主張的《聖經》根據其實非常薄弱；然而衝突還是延燒了數十年，對於科學或教會都傷害很深。

在上個世紀裡，我們的宇宙觀經歷了許多前所未有的修正。物質和能量原本被預設爲不同的實體，而愛因斯坦卻以著名的等式 $E=mc^2$（E是能量，m是物質，c是光速）證明它們是可以互換的。波與粒子的二元論（也就是說，物質同時具有波和粒子的性質），在光與例如電子的微小粒子的實驗裡被證明的現象，震驚了許多由古典物理學訓練出來的科學家。海森堡的量子力學的「測不準原理」（uncertainty principle）說明了不可能同時測量一顆粒子的位置或動量，它對科學和神學都產生了很特別的顚覆作用。而影響最深遠的，或許是我們對於宇宙起源的概念在過去七十五年裡以實驗和理論爲基礎所經歷的根本變化。

在我們對於物質世界的理解的大量修正裡，大部分都是在狹隘的學術圈裡產生的，大眾對它們仍然很陌生。而諸如霍金（S. Hawking）的《時間簡史》（*A Brief History of Time*）嘗試對大眾解釋複雜的現代物理和宇宙論，則是少數匠心獨運的佳作，儘管霍金的書銷售了五百萬冊，但是對於一個覺得書中的概念古怪而難懂的讀者而言，仍然難窺其堂奧。

的確，由過去數十年來的物理學發現得到的對於物質本性的觀念，都和我們的直覺扞格不入。物理學家拉塞福（E. Rutherford）①在一百年前曾評論說：「一個你無法對酒保解釋清楚的理論，或許不是什麼好理論。」根據這個標準，許多關於組成物質的基本粒子的流行理論，其實都很難站得住腳。

在實驗證明的許多奇怪概念裡，也包括「中子和質子（我們通常稱爲基本粒子）由夸克六味組成」的事實（即上夸克、下夸克、奇夸克、魅夸克、底夸克、頂夸克）。而當這六味被描繪爲各自有三色（紅、綠、藍），則又顯得更加怪異。這些粒子的任意命名，至少證明了科學家多少有點幽默感。而其他一長串讓人頭昏眼花的粒子，從光子、重子（gravitons）、膠子（gluons）到渺子（muons），創造了一個和日常人類經驗無關的世界，使得科學家以外的人們瞠不知所對。然而這些粒子卻使我們的存在成爲可能。對於那些認爲唯物論比較簡單且直觀、因而優於有神論的人們，這些新的概念提出了一個重大的挑戰。拉塞福的箴言的一個變體，即有名的「奧坎剃刀」（Occam's Razor），爲十四世紀英國的邏輯學家和修士奧坎的威廉（William of Ockham）所提出的。該原理指出，對於任何問題最簡單的解釋通常也是最好的解釋。如今，奧坎剃刀似乎被量子物理的怪異模型貶謫爲垃圾桶。

但是在某個重要的意義下，拉塞福和奧坎還是受人尊敬的：儘管關於這些新發現的現象的語言描述佶屈聱牙，但是它們的數學表示法卻始終非常優雅、讓人意外的簡單，甚至很美。我在耶魯大學物理化學研究所時，諾貝爾獎得主威利斯・藍伯（Willis Lamb）的相對論量子力學的課讓我如沐春風。他的授課風格是從最根本的原理去解釋相對論和量子力學。他完全憑著記憶去展開理論，但是偶爾會在下課前略過幾個步驟，讓我們這些崇拜他的純眞學生去塡補中間的空缺。

儘管我後來從物理學轉到生物學，但是這個推論出描述自然世界實相的簡單而美麗的普遍等式的經驗，卻讓我印象深刻，特別是因爲最後的結論有如此具有美感的吸引力。它對於物理世界的本性提出第一個哲學問題。爲什麼物質呈現如此的作用？用維格納（E. Wigner）②的話說則是：對於「數學的不合理的有效性」的解釋會是什麼？③

那只是一個幸福的意外嗎？或是反映了對於實在界的本性的深刻洞見？如果一個人願意接受超自然的可能性，那麼它是否也意味著對於神的心靈的洞見？愛因斯坦、海森堡和其他人，是否和神性相遇？

在《時間簡史》的結論裡談到一個關於萬物的優雅的統一理論如果出現的時代，霍金說：「那時，我們所有人，包括哲學家、科學家以及普普通通的人，都能參與爲何我們和宇宙存在的問題的討論。如果我們對此找到了答案，則將是人類理智的最終極的勝利——因爲那時我們知道了上帝的精神。」④這些對於實在界的數學描述是否指向某種更偉大的心智？數學和DNA是上帝的另一種語言嗎？

當然，數學讓科學家們來到某些最深層的問題台階前。其中第一個問題是：它是如何開始的？

大爆炸

在二十世紀初，大部分的科學家都假設宇宙是無始無終的。它產生某些物理的弔詭，例如宇宙如何維持穩定而不會因爲重力而坍縮，但是其他的可能性似乎不怎麼吸引人。當愛因斯坦於一九一六年開展出廣義相對論時，以「附加因素」（fudge factor）抵消了重力內爆（坍縮），而維持一個靜態宇宙的觀念。據說他後來說那是「我一生中最大的錯誤」。

另一些理論說法則主張宇宙始自某個特定時刻，然後膨脹至現在的狀態；但是當時仍然沒有實驗的測量去證實它，使得大部分的物理學家不願意認眞考慮該假設。直到一九二九年才有哈伯（Edwin Hubble）提出最早的數據，他在很有名的實驗裡觀察到鄰近的星系奔離我們的星系的速率。

哈伯利用都卜勒效應（Doppler effect）——根據該原理，州警可以用他們的雷達儀器測定你的行車速度，而駛近的火車汽笛聲音也高於遠離時的聲音——發現所有星系的光線都顯示它們在遠離我們的星系。距離我們越遠，奔離的速率就越快。

如果宇宙裡的萬物都在彼此飛離，那麼時間箭頭的逆轉就可以預見，在某個時刻裡，所有這些星系一起構成一個不可思議的巨大實體。哈伯的觀察開始了風起雲湧的實驗測量，在過去七十年來，大部分的物理學家和宇宙學者都得到結論，認爲宇宙始於一個時點，現在一般稱爲大爆炸（Big Bang）。計算顯示它約莫發生在一百四十億年前。

亞諾·潘佳斯（Arno Penzias）和羅勃·威爾遜（Robert Wilson）在一九六五年意外提供了證實該理論的重要證據資料。他們發現無論把新的天線轉到哪個方向，都會偵測到惱人的微波背景（background of microwave）訊號。潘佳斯和威爾遜排除了所有其他可能的原因以後（包括一些鴿子，牠們原本也被認定是嫌疑犯），終於了解該背景雜訊是來自宇宙本身，而那正代表著大爆炸結果的殘餘幅射，產生自膨脹的宇宙早期階段的物質和反物質的湮滅。整個宇宙裡某些元素的比率，尤其是氫、氚和氦，也是支持大爆炸理論的正確性的另一個重要證據。氚的含量到處都不變，從鄰近的恆星到接近我們的事界（event horizon，是一種時空的曲隔界線）的最遠的星系。該發現正好符合在單一的大爆炸事件的異常高溫裡所形成的氚的宇宙總量。如果在不同的地點和時間點裡都有許多諸如此類的事件，我們就不會期待有這樣的齊一性。

基於這些和其他的觀察，物理學家一致認爲，宇宙始於一個純粹能量、密度無限大且零維度的點。在那個情況下，物理法則都被瓦解，稱為「奇異點」（singularity）。到目前為止，科學家們仍然無法解釋那為時僅僅10^{-43}秒的爆炸裡的最早事件。在那之後，形成現在可觀察的宇宙所需的一切事件就都可以被預測，包括物質和反物質的湮滅、穩定的原子核的形成，到最後則形成原子、最初的氫、氘和氦。

目前有個問題仍然未得到解答，亦即大爆炸是否導致宇宙永恆地膨脹，或是重力在某個時間點裡接手，而星系開始收縮，最後造成「大坍縮」（Big Crunch）。關於某些始終不得其解的量的新發現，例如黑暗物質和黑暗能量，似乎可以充分解釋宇宙裡的物質，但是對於該問題仍然懸而未決，而現有的證據都是預測宇宙將會漸衰，而不是劇烈的崩塌。

在大爆炸之前有什麼東西存在？

大爆炸的存在規避了以下的問題：在那之前有什麼東西存在？是誰或什麼東西造成大爆炸的？它比任何其他現象都更加證明了科學的限制性。大爆炸理論對於神學的影響非常深遠。對於把宇宙描繪為神自無中（ex nihilo）創造出來的神學傳統而言，那是個很強烈的衝擊。像大爆炸那樣令人詫異的事件符合神蹟的定義嗎？

基於這些認識而產生的敬畏感，讓許多不可知論的科學家們提出類似神學的說法。在

《上帝與天文學家》（*God and the Astronomers*）書末，太空物理學家羅勃·賈斯特羅（Robert Jastrow）⑤說：「此時此刻，科學彷彿永遠無法揭開創世奧祕的序幕。對於那些堅持相信理性力量的科學家們而言，故事的結局就像是惡夢一般。他攀登無知的群山；他就要征服最高的山峰；就在他爬上最後一顆巨石時，卻看到一群在那裡坐了好幾個世紀的神學家們向他打招呼。」⑥

對於嘗試整合神學家和科學家的人們而言，關於宇宙起源的最新發現有助於彼此的理解。賈斯特羅在他頗具挑釁意味的作品裡說：「現在我們看到天文學的證據如何推論出《聖經》裡世界起源的觀點。儘管細節有些許差異，但是它們的基本元素以及天文學和《聖經》對於創世的解釋卻不謀而合；自洪荒以至於人類的整個事件序列，就在某個時間點裡，在光和能量一閃之際突然開始。」⑦

我必須同意。大爆炸理論極需要一個神性的解釋。它不得不推論說自然有某個開端。我也看不出來自然如何自己創造自己。只有在時空之外的超自然力量才做得到吧。

但是在創世之後呢？我們如何去想像從大爆炸到我們的地球誕生約莫一百億年的漫長歲月呢？

我們的太陽系和地球的形成

在大爆炸後的一百萬年裡，宇宙膨脹，溫度下降，並且開始形成原子核和原子，物質因爲重力而聚結爲星系。它的自轉使星系呈螺旋狀，正如我們的星系一樣。在那些星系裡，氫和氦聚集在一起，其密度和溫度也增加。最後則發生核融合。

四個氫核融合形成一個氦核並釋放能量，提供了恆星的主要燃料來源。較大的恆星燃燒得快一些。當它們燒盡時，它們在星核裡產生更重的元素，像是碳和氧。早先在宇宙裡（在大爆炸後的幾億年裡），這些元素只出現在坍縮的恆星核裡，但是某些恆星經歷大規模的爆炸而變成超新星（supernovae），重元素又變回到星系的氣體。

科學家們相信我們的太陽並不是在宇宙的初始時形成的；我們的太陽是第二代或第三代的恆星，約莫在五十億年前由一次局部的再聚結而形成的。當時周圍有一小部分的重元素沒有被結合爲新恆星，反而集結爲現在繞行太陽的行星。其中包括我們的地球，它在最早的時候一點也不適合居住。地球在剛開始時非常熱，而且不斷地劇烈碰撞，接著逐漸冷卻，發展出大氣層，直到四十億年前，才成爲適合生命居住的星球。在一億五千萬年後，地球就充滿了生命。

關於我們的太陽系的形成步驟，現在都有很詳細的描繪，似乎不會因爲新的資訊而被修正。你體內幾乎所有原子都曾經在一個遠古的超新星的核融爐裡被烹煮——你的確是由星塵構成的。

在這些發現裡，有任何神學的蘊含嗎？我們有多麼珍奇呢？有多麼不可思議呢？或謂宇宙裡的複雜生命形式的出現至少是在大爆炸的五十到一百億年後，因爲就我們所知，第一代的恆星並不含有諸如碳和氧的重元素，而我們相信那是生命所必需的。只有在第二或第三代恆星以及其行星系才有此可能。即使在那個時候，仍然需要很長的時間去形成擁有感覺和智慧的生命。儘管可能有其他不倚賴重元素的生命形式存在於宇宙的其他角落，但是以我們現有的化學或物理的知識，非常難以想像這種有機體的性質。

當然它導致一個問題：在宇宙的某處是否存在著我們可以認識到的生命。儘管我們無法以現有的資料去支持或反駁它，但是德雷克（F. Drake）⑧於一九六一年提出一個著名的等式，讓我們得以去考慮其機率有多高。德雷克等式是證明我們的無知狀態的最好方法。德雷克扼要且合乎邏輯地指出，在我們的星系裡的可能與我們通訊的文明數量由以下七個因子決定：

●銀河裡的恆星總數（約一千億），乘以
●其中擁有行星的恆星比例，乘以
●其中適合生命居住的行星比例，乘以
●其中實際演化出生命的行星比例，乘以
●其中演化出有智慧的生命的行星比例，乘以
●其中實際發展出通訊能力的行星比例，乘以
●有能力與我們的星球通訊的行星的生命周期比例。

我們有能力和外星通訊的時間不超過一百年。地球到現在的年齡約爲四十五億年，因此德雷克的最後一個因子只有地球生命周期的極小一部分：0.000000022。（或謂那得取決於人類自我毀滅的速度有快，該分數可能會更大。）

德雷克的公式很有趣，但是基本上沒什麼用，因爲除了銀河系裡的恆星數以外，幾乎所有的項都沒有辦法得到確定的值。當然有其他恆星被發現有行星圍繞，但是其他項仍然是一團謎。然而，由德雷克自己籌組的外星人探索計畫（SETI），現在已經有許多業餘和專業的物理學家、天文學家和其他組織參與其中，努力尋求銀河裡可能來自其他文明的訊

號。

關於發現其他星球上的生命的神學意義為何，已經有許多作品討論，茲不贅言。那樣的發現會讓地球上的人類不再那麼「特別」嗎？其他星球的生命的存在會讓創世的上帝更加不可能存在嗎？我認為如此的結論並不眞正站得住腳。如果上帝存在，並且和其他像我們一樣有感覺的生物和睦相處，並且擔負起和現在的六十億人類（以及以前無數的人類）互動的艱鉅任務，我們不明白為什麼祂無法和若干星球上（假設有數百萬個星球吧）的類似生物互動。探索宇宙其他地方的生物是否也擁有道德法則，當是一件很有意思的事，畢竟我們認為那對上帝的本性是很重要的。然而務實一點來說，我們每個人似乎都不可能在一輩子裡去回答那些問題。

人擇原理

自從宇宙和我們的太陽系的起源問題豁然開朗以後，自然界裡許多奇妙的巧合讓許多科學家、哲學家和神學家都感到很困惑。我們看看以下三個觀察：

一、在宇宙大爆炸後的最初時刻裡，物質和反物質幾乎是等量被創造的。宇宙在千分之一秒裡迅速冷卻，讓夸克和反夸克得以「凝結出來」。任何碰撞到反夸克的夸克（在高速下會迅即發生），都會導致兩者的完全湮滅，並且釋放一個具有能量的光子。但是物質和反物質的對稱性並不很精確；每十億對夸克和反夸克裡就會有一個額外的夸克。在整個宇宙裡的極微的初始潛能，卻構成了現在我們知道的宇宙物質。

爲什麼有這個對稱性存在？不對稱似乎比較「合乎自然」吧。但是假如物質和反物質是完全的對稱，那麼宇宙就會歸於純粹的幅射，而人類、行星、恆星和星系，就永遠不會誕生。

二、宇宙在大爆炸後的膨脹方式，完全取決於宇宙的物質和能量總量，以及重力常數的強度。這些物理常數不可思議的微調程度，始終是讓許多專家驚豔的主題。霍金說：「爲何宇宙以這樣接近於區分坍縮和永遠膨脹模型的臨界膨脹的速率開始，以至於即使在一百億年以後的現在，它仍然幾乎以臨界的速率膨脹？如果在大爆炸後的一秒鐘，其膨脹率甚至只要小個十億億分之一，宇宙在達到今天這麼大的尺度之前就已經坍縮了。」⑨

另一方面，如果當時膨脹速率大個一百萬分之一，也就無法形成恆星和行星。關於宇宙在初始時不可思議的快速膨脹（暴脹），最近的理論似乎可以局部解釋爲什麼現在的膨脹如此接近臨界值。然而許多宇宙學者會說，那只是讓問題回到爲什麼宇宙的性質正好足以承受如此一個暴脹式的膨脹（inflationary expansion）。我們已知的宇宙的存在，是奠基於一個機率很低的千鈞一髮的狀態。

三、重元素也是在如此驚人的狀態形成的。如果使質子和核子結合在一起的強核力（strong nuclear force）弱一點點，那麼宇宙就只會形成氫。另一方面，如果強核力強一點點，所的氫就都會轉化爲氦，而不是大爆炸初期的百分之二十五的含量，那麼恆星的核融爐和形成重元素的能力也就不會誕生了。

除了以上驚人的觀察以外，核力似乎正好足以形成碳元素，而碳是地球上的生命所不可或缺的。如果該核力的引力強一點點，那麼所有的碳都會轉化爲氧。

目前的理論仍然無法去預測總共十五個物理常數的值。它們都是給定值：它們的值就是那樣。其中包括光速、弱核力和強核力、與電磁學有關的各種參數，以及重力。要構成足以支持複雜生命形式的穩定宇宙需要某些值，而要讓所有常數都具備那些值的機率幾乎是無限小。但是我們觀察到的正好就是那些參數。總而言之，我們的宇宙的機率低得離譜。

你說得對，該論證有點像是循環論證：宇宙必須擁有與這種穩定性有關的參數，否則我們根本無法在這裡談論它。一般則會以所謂人擇原理（Anthropic Principle）去做出結論：亦即認爲我們的宇宙之所以如此，只是爲了讓人類誕生。該原理在幾十年前很受歡迎，如今則有諸多的質疑和猜測。⑩

基本上，對於人擇原理有以下三種可能的回應：

一、宇宙的數量基本上可能有無限多個，無論是與我們的宇宙同時或相續發生，或是擁有不同的物理常數的值，甚至有不同的物理法則。然而我們無法觀察其他宇宙。我們只能存在於一個宇宙裡，在其中，所有物理性質一起讓生命和意識有機會誕生。我們的宇宙不是什麼神蹟，它只是很不尋常的嘗試和錯誤的結果。此即所謂「多重宇宙」（multiverse）的假設。

二、只有一個宇宙，而且就是這個。所有性質就是剛好能夠讓有智慧的生命誕生。若非如此，我們也不會在這裡討論它。我們只是非常、非常、非常幸運。

三、只有一個宇宙，而且就是這個。所有物理常數和物理法則皆調整到正好讓有智慧的生命可以誕生，那並不是偶然，而是反映了太初創世者的行動。

無論人們偏好哪一個選項，都無疑是個潛在的神學問題。伊安·巴伯（Ian Barbour）⑪引用霍金的話說：「由大爆炸那樣的東西誕生出我們現在的宇宙，這樣的機率太低了。我認爲其中顯示有神學的蘊含。」⑫

霍金在《時間簡史》裡甚至說：「關於宇宙爲什麼就是如此開始的，除了把它視爲一個上帝有意創造像我們這樣的存有者的行動，否則很難去解釋。」⑬

另一位物理學巨擘戴森（F. Dyson）⑭審視「諸多偶然事件」以後推論說：「我愈是檢視宇宙及其結構的細節，就發現愈多的證據指出，在某個意義下，宇宙必定早就知道我們的來臨。」⑮而榮獲諾貝爾獎的科學家潘佳斯，他和威爾遜共同發現足以支持最初的大爆炸理論的宇宙微波背景幅射，曾經說：「如果我手上只有〈摩西五書〉、〈詩篇〉或是整部《聖經》可以利用，那麼其實可以預測得到我們會有什麼最好的資料。」⑯潘佳斯指的是在〈詩篇〉第八篇裡大衛的話：「我觀看你指頭所造的天，並你所陳設的月亮星宿，便說，人算什麼，你竟顧念他。」

那麼我們要怎樣去駁斥上述三個選項呢？我們就從邏輯來談。首先，我們觀察的宇宙是我們已知的，包括我們自己。接著我們想要計算那三個選項裡哪個最有可能。問題是我們沒有什麼好辦法可以決定其機率範圍，或許除了第二個選項。在第一個選項裡，既然平行宇宙的數量趨近於無限，那麼在其中就很有可能至少有一個宇宙擁有適合生命存在的物理性質。而第二個選項的機率就微乎其微。第三個選項的可能性則取決於是否存在一個超自然的上帝，祂眷顧著一個非無菌的宇宙。

基於機率，第二個選項是最不合理的。於是我們只剩下第一和第三選項。第一選項在邏輯上還說得通，但是說可觀察的宇宙數量趨近於無限，則太過離譜而難以置信。它當然也過不了「奧坎剃刀」。然而，那些絕對不肯接受一個有智慧的創世者的人們會說，第三選項一點也不簡單，因為那需要有一個超自然的存有者的仲裁。不過我們可以辯稱，大爆炸「本身」似乎就強烈影射一個創世者的存在，否則在大爆炸之前有什麼東西存在的問題就始終懸而未決。

如果我們願意接受「大爆炸需要有個創世者」的論證，那麼主張說創世者必定設定了某些參數（物理常數、物理法則等等）以成就某個目的，聽起來並不為過。如果那目的包括成就一個並非平淡空虛的宇宙，那麼我們就得到第三個選項了。

我在評斷第一和第三選項時，想到了哲學家約翰．萊斯禮（John Leslie）一個特別的譬喻。⑰在譬喻裡，有個人要被槍決，五十個槍手以步槍瞄準他準備行刑。處決令下達，槍聲大作，但是不知怎的，無一子彈命中目標，死刑犯毫髮無傷地離開。

我們如何解釋這件事呢？萊斯禮說，有兩種可能的回答，分別對應於我們的第一和第三選項。首先，當天可能同時有數千個槍決執行，即使是神射手偶爾也會有失誤的時候。那個人剛好走運，五十個槍手都沒有擊中目標。另一個回答則說那是有計畫的，那五十個槍手表面上的失誤其實是故意的。哪個答案比較合理呢？

我們一定會認為未來的理論物理研究有可能證明，在目前仍然僅由實驗觀察去決定的十五個物理常數裡，有些常數可能因為更深層的發現而縮小其可能的數值範圍，但是現在我們無法得知。再者，正如本章以及前兩章的其他論證所說的，沒有任何科學觀察能提出關於上帝存在的絕對證明。但是對於那些願意接受有神論觀點的人們而言，人擇原理當然是個支持有創世者存在的有趣論證。

量子力學和測不準原理

牛頓（Isaac Newton）是個基督徒，在他的作品裡，《聖經》的詮釋甚至多於數學和物理，但是追隨他的人們並不全都接受他的信仰。在十九世紀初，法國著名的數學家和物理學家拉普拉斯侯爵（Pierre-Simon Laplace）主張自然由一組精確的物理定律（有些已發現，有些未發現）支配，因此自然不能不遵守那些定律。拉普拉斯認為該要求會及於極微的粒子、極遠的宇宙，甚至人類及其思考歷程。

拉普拉斯假設說，一旦宇宙的初始組態被確定，所有其他未來事件，包括與過去、現在、未來的人類有關的事件，都已經被指派而無法被推翻。這個主張代表一種極端形式的科學決定論，顯然把上帝（除了一開始的時候）或自由意志摒除在外。科學界和神學界對此則一片譁然。（有個著名的故事說，拿破崙問拉普拉斯關於上帝的問題，他回答說：「我不需要那個假設。」）

一個世紀後，拉普拉斯的精確科學決定論概念被推翻了，但是推翻它的不是神學論證，而是科學的見解。量子力學的革命致力於解釋物理學裡關於光譜尚未解答的問題。蒲朗克（M. Planck）⑱和愛因斯坦以許多觀察爲基礎去證明：光並不完全轉化爲所有可能的能量，而是「量子化」爲具有一定能量的粒子，也就是光子（photon）。因此，基本上光並不是無限可分的，而是包含著光子流，正如數位相機的解析度不會小於一個像素。

此時，波爾（Niels Bohr）⑲觀察原子的結構，好奇爲什麼電子始終待在繞行原子核的軌道上。每個電子的負電荷把它吸引到原子核裡帶正電荷的質子，最後不可避免地導致所有物質的內爆（implosion）。波爾提出一個類似的量子論證，發展出一個理論，假設原子裡只能存在於若干有限的狀態裡。

古典力學的基礎開始裂解，但是直到海森堡（W. Heisenberg）⑳才對於這些啓示提出深刻的哲學推論，他很中肯地證明說，在極微的粒子的怪異量子世界裡，我們無法同時準確測量粒子的位置「和」動量。海森堡的測不準原理一舉推翻了拉普拉斯的決定論，因爲它指出，宇宙的任何初始組態其實都無法如拉普拉斯的預測模式所要求的那麼精確地被測定。

量子力學對於理解宇宙意義的影響，在過去八十年來，始終是許多思辨的主題。愛因斯坦儘管在量子力學的早期發展裡占有一席之地，剛開始的時候卻不接受「測不準」的概念，他的名言是：「上帝不玩骰子。」

有神論者或許會回答說，在上帝眼裡，那不會是骰子遊戲，儘管在我們看來是那樣。霍金也說：「我們仍然可以想像，有某個超自然的存有者，他有一組可以完全決定事件的定律，而他也可以觀察宇宙的現狀而不去干擾它。」㉑

宇宙論和上帝的假設

簡單回顧過宇宙的性質而後，我們可以更一般性地重新檢視上帝的假設的合理性。我想到〈詩篇〉第十九篇，大衛說：「諸天述說上帝的榮耀，穹蒼傳揚他的手段。」科學的世界觀顯然「無法」充分回答關於宇宙起源的有趣問題，而作爲造物主的上帝的觀念和科學發現也沒有什麼本質上的衝突。其實，上帝的假設解決了「在大爆炸以前有什麼東西存在」以及「爲什麼宇宙剛好適合讓我們居住」的麻煩問題。

有神論者從道德律的論證（第一章）去尋找一個不只讓宇宙運轉而且眷顧人類的上帝，他們則可能做以下的推論：

如果上帝存在，那麼祂就是超自然的。
如果祂是超自然的，那麼祂就不受限於自然律。
如果祂不受限於自然律，那麼祂就沒有理由會受限於時間。
如果祂不受限於時間，那麼祂就是在過去、現在和未來。

而其結論會是：

祂可以存在於大爆炸之前，也可以存在於宇宙漸衰之後，如果宇宙會漸衰的話。
祂在宇宙開始形成之前就可以知道其精確的結果。

祂可以預知位於一個普通的螺旋星系外緣的某個行星具有適合生命居住的性質。

祂可以預知那行星會經由天擇的演化機制發展出有感覺的生物。

祂甚至可以預知那些生物的思考和行動，即使他們擁有自由意志。

稍後我會詳述最後幾個推論步驟，但是現在我們已經看得到科學與信仰之間的和諧的梗概。

以上的推論並不是要掩飾所有的質疑和不一致的地方。科學家所預測的宇宙起源的某些細節，當然會讓每個世界宗教的信徒感到困惑。

自然神論者如愛因斯坦，認爲上帝開啓了整個歷程，但是接著就對其後的發展袖手旁觀，他們一般都樂於接受物理學和宇宙論的最新結論，大概除了測不準原理以外。但是幾個有神論的宗教被接受的程度則有些不同。宇宙有限的開端的觀念就與佛教不完全吻合，振盪宇宙（oscillating universe）的概念和佛教可能會比較一致。但是印度教裡主張有神論的教派就和大爆炸理論沒有什麼重大的衝突。伊斯蘭教大部分（但非全部）的詮釋者亦復如此。

對於猶太教和基督宗教傳統而言，〈創世記〉的開場白（「起初上帝創造天地。」）和大爆炸理論完全相容。再舉一個著名的例子，天主教教宗庇護十二世早在大爆炸理論的基礎奠立以前就強烈支持該理論。

並非所有基督宗教的詮釋都如此支持這個科學的宇宙觀。完全就字義去詮釋〈創世記〉的人們主張地球的年齡只有六千年，因此拒絕上述大部分的結論。就訴諸眞理而言，他們的立場是可以理解的：如果一個宗教以聖典爲其基奠，那麼它的信徒當然會反對天馬行空地詮釋聖典的意義。那些似乎是描繪歷史事件的經典，除非有很強的證據，否則不應該被詮釋爲寓言故事。

但是〈創世記〉屬於寓言的範疇嗎？其語言無疑地是很像詩的。它有表現出詩的破格（poetic license）嗎？（對此在下一章會詳述之。）這不只是現代的問題；整個歷史爭辯都是在直譯主義（literalism）和非直譯主義兩端所挑起的。聖奧古斯丁（Saint Augustine）或許是最偉大的宗教學者，他很清楚把經文轉譯爲科學論著的危險，特別是在談到〈創世記〉時說：「關於某些晦澀而不明的問題，我們在《聖經》裡看到一些段落，它們可以用不同的方式去詮釋，而不帶有我們所接受的宗教偏見。如此，我們不應該率爾堅持某個立場，免得在眞理探究的歷程中，當該立場被推翻時，我們也跟著仆倒。」㉒

以下幾章會更仔細探討科學對於生命的研究的各種貢獻層面。科學與信仰的潛在衝突，至少在許多現在的評論者眼裡是會繼續出現的。但是我要說，如果我們聰明地採納奧古斯丁的建議（一千多年來，它始終很管用，直到關於達爾文的爭議出現），我們會發現，在這些世界觀之間其實有一個前後一致且非常充分的和諧。

---

①譯注：拉塞福（Ernest Rutherford, 1871-1937），紐西蘭物理學家，核心物理之父，曾提出拉塞福散射理論和新的原子模型，於一九〇八年獲諾貝爾化學獎。

②譯注：維格納（Eugene Paul Wigner, 1902-1995），匈牙利物理學家和數學家，於一九六三年獲諾貝爾物理獎。

③E. Wigner, "The Unreasonable Effectiveness of Mathematics in the Natural Sciences," *Communications on Pure and Applied Mathematics* 13, no. 1 (Feb. 1960).

④S. Hawking, *A Brief History of Time* (New York: Bantam Press, 1998), 210（中譯：《時間簡史》，藝文印書館）。

⑤譯注：賈斯特羅（Robert Jastrow, 1925- ），美國天文學家，主張不可知論。

⑥R. Jastrow, *God and the Astronomers* (New York: W. W. Norton, 1992), 107。

⑦同前揭，第14頁。

⑧譯注：德雷克（Frank Drake, 1930- ），美國天文學家。

⑨Hawking, *Brief History*, 138.

⑩對於該論證的詳細且嚴謹的數學闡釋，見J. D. Barrow and F. J. Tipler, *The Anthropic Cosmological Principle*（New York: Oxford University Press, 1986）。

⑪譯注：伊安・巴伯（Ian Barbour, 1923- ），美國研究科學與宗教關係的學者。著有《科學與宗教》、《當科學遇到宗教》（中譯本：商周出版）。

⑫I. G. Barbour, *When Science Meets Religion* (New York: HarperCollins, 2000)（中譯：《當科學遇到宗教》，商周出版）。

⑬Hawking, *Brief History*, 144。

⑭譯注：戴森（Freeman Dyson, 1923- ），美國理論物理學家和數學家，以量子物理、固態物理和原子彈設計與政策著名。

⑮F. Dyson cited in Barrow and Tipler, *Principle*, 318.

⑯A. Penzias quoted in M. Browne, "Clues to the Universe's Origin Expected," *New York Times*, March 12, 1978.

⑰J. Leslie, *Universes* (New York: Routledge, 1989).

⑱譯注：蒲朗克（Max Planck, 1858-1947），德國物理學家，量子力學的創立者。

⑲譯注：波爾（Niels Bohr, 1885-1962），丹麥物理學家，一九二二年獲諾貝爾物理獎。

⑳譯注：海森堡（Werner Heisenberg, 1903-1976），德國物理學家，一九三二年獲諾貝爾物理獎。

㉑Hawking, *Brief History*, 63.

㉒Saint Augustine, *The Literal Meaning of Genesis*, translated and annotated by John Hammond Taylor, S.J. (New York: Newman Press, 1982), 1:41.

第四章
地球上的生命：論微生物和人類

現代科學進步的代價是喪失了對上帝的信仰的某些傳統理由。以前我們不知道宇宙如何誕生的時候，會把一切都歸因於上帝的一個行動或是許多個別的行動。同樣的，在克卜勒、哥白尼和伽利略於十六世紀天翻地覆的革命以前，地球中心說似乎是很有力的上帝存在論證。如果祂把我們擺到舞台中央，那麼祂一定早已爲我們搭好舞台。當太陽中心說的科學扭轉了這個觀點時，許多信徒都不知所措。

但是信仰的第三柱仍舊全力支撐著：地球生命的複雜性，對於任何理性的觀察者而言，都蘊含著一個有智慧的設計者的精湛手藝。而現在科學則完全顛覆了它。但是，和其他兩個論證一樣，我想要說，信仰者不應該否認科學，而應該接納它。生命的複雜性背後的優雅的確是讓人敬畏且信仰上帝的理由，但不是在達爾文主義以前的那種簡單而直接有力的理由。

「設計論證」源自西塞羅（Cicero）。培里（William Paley）①在一八〇二年的《自然神學》（*Natural Theology, or Evidences of the Existence and Attributes of the Deity Collected from the Appearance of Nature*）澈底發揮該論證。培里是個道德哲學家和聖公會牧師，他提出著名的鐘錶匠比喻：

假設我在穿越荒野時踢到一顆石頭，有人問為什麼石頭在那裡，我可能會回答說，它說不定一直都在那裡。或許我們很難證明該答案的荒謬性。但是假如我在地上撿到一只手錶，而被問到手錶為什麼剛好在那裡，我應該很難用剛才的方式回答說，它說不定一直都在那裡……手錶必定有個製造者，在某時某地必然存在一個或許多個工匠，為了某個目的（而那就是我們的答案）而製作它，思考其結構，設計其用途……我們在手錶裡看到的每個構思和設計，也都存在於自然裡。其差別在於自然的設計更加龐大且繁多，其規模也無法計量。②

自然裡的設計證據對於人類存在的問題一直很有說服力。達爾文在開始小獵犬號（HMS Beagle）的探險前就曾經很欣賞培里的著作，也深爲其觀點折服。然而培里的論證光是在邏輯上就有個錯誤。茲簡述如下：

一、一只錶很複雜。

二、一只錶有個有智慧的設計者。

三、生命很複雜。

四、因此，生命也有個有智慧的設計者。

但是兩個東西有一個相同的性質（複雜性）並不蘊含著它們所有的性質都相同。我們看看以下類似的論證：

一、我家裡的電流由電子流組成。
二、電流來自電力公司。
三、閃電由電子流組成。
四、因此，閃電也來自電力公司。

顯然培里的論證不可能涵攝全貌。要檢視生命的複雜性以及我們在地球上的起源，我們必須深入探討由古生物學、分子生物學和遺傳學的最新革命帶來關於生命本質的驚奇革命。信徒不必擔心該研究會貶損神性；如果上帝眞的是全能的，那麼我們很卑微地嘗試理解祂的自然世界的造就，對祂不可能有任何威脅。而作為追尋者，我們大可以從科學裡發現關於「生命如何運作？」的問題更多有趣的答案。而我們不能僅以科學就發現的是關於

「爲什麼有生命？」以及「我爲什麼在這裡？」的問題的答案。

地球生命的起源

科學以時間軸去回答生命複雜性的問題。我們現在知道宇宙的年紀約莫是一百四十億年。一個世紀以前，我們甚至不知道地球的年紀有多大。但是接下來由於發現放射性以及某些化學同位素的自然衰變，我們可以很簡潔且精確地測定地球上各種石頭的年紀。戴林波（B. Dalrymple）在《地球的年紀》（*The Age of the Earth*）裡曾細說這個方法的科學基礎，它是基於已知非常長的半衰期、三種放射性的化學元素藉此不斷衰變並且轉化爲穩定的不同元素：鈾慢慢變成鉛，鉀慢慢變成氬，以及更奇異的鍶變成罕見元素銣。我們測量各組元素，就可以估算出任何一顆石頭的年紀。所有這些獨立的方法都得到相當一致的結果，指出地球的年紀爲四十五．五億年，誤差僅約爲百分之一。目前地表上最老的石頭約有四十億年。但是有接近七十顆隕石和月球的許多石頭被測定有四十五億年之久。

目前所有的證據都證明，地球在最初的五億年裡非常不適合生命居住。這顆行星經常遭受到巨大的小行星和隕石的毀滅性攻擊，而其中有一顆甚至讓月亮脫離地球。因此，那些被測定爲四十億年前的石頭自然也完全沒有顯示任何生命形式的證據。然而，就在一．

五億年後，便出現許多不同類型的微生物生命。這些單細胞的生物體或許可以利用DNA儲存訊息，它們會自體複製，並且能夠演化成許多不同的類型。

最近卡爾·伍斯（Carl Woese）提出一個很合理的假設，認爲在地球的這個特別的時刻，生物體之間的DNA的交換就已經完成了③。基本上，生物界由許多極微的獨立細胞組成，但是它們彼此有大規模的互動。如果某個生物體發展出具有某種優勢的一個或一系列的蛋白質，它的鄰居很快就會獲得這個新的性質。或許就在該意義下，早期的演化與其說是個體的行爲，不如說是群落的。這種「水平基因轉移」（horizontal gene transfer）在地球現存的最古老的細菌形式（古細菌）裡得到很好的證明，或許也讓許多新的性質得以迅速散播。

但是第一個自體複製的生物體是如何產生的？到目前爲止，我們可以說我們並不知道。現在的任何假設都無法解釋地球上的前生物（prebiotic）環境如何在一·五億年的光景裡孕育出生命。我不是說以前沒有人提出過合理的假設，而是它們對於生命發展的解釋並沒有充足的統計學根據。

五十年前，史丹利·米勒（Stanley Miller）和哈洛·尤瑞（Harold Urey）④的著名實驗重構了可能代表地球原始環境的水和有機化合物的混合。研究者利用放電形成一點點重要的生物學元件，例如氨基酸。在來自外太空的隕石裡發現微量的類似化合物，也被用來證明在宇宙的自然歷程裡可以產生如此複雜的有機分子。

儘管如此，其內容細節仍然相當粗略。一個自體複製而且攜帶訊息的分子如何自動由這些化合物聚合而成？DNA以其磷酸糖的脊骨以及複雜的有機鹼，整齊地彼此堆疊，成對地形成扭曲的螺絲梯，而如此不可思議的分子就這樣「剛好發生」，尤其是DNA自身似乎沒有自我複製的工具。最近許多研究者反而認爲RNA才是生命最初的可能形式，因爲RNA可以攜帶訊息，在某些情況裡，它還可以催化化學反應，而那是DNA做不到的。DNA像是你的電腦裡的硬碟：它應該是可以把訊息儲存其中的穩定介質（雖然你的電腦總是可能有錯誤和混亂）。相反的，RNA比較像Zip磁碟或隨身碟，它帶著程式到處跑，可以自己讓事情發生。然而儘管許多研究者焚膏繼晷的努力，仍然無法在米勒和尤瑞的實驗模型裡形構出RNA的基本元件，也不可能設計出完全自體複製的RNA。

在爲生命的起源界定一條具有說服力的路徑時的巨大困難，讓某些科學家，尤其是赫赫有名的法蘭西斯・克里克（Francis Crick）（他和華生共同發現DNA的雙股螺旋）⑤主張說，生命形式必定是由外太空降臨到地球的，無論是藉由漂浮在星際的微小粒子而被地球的引力俘獲，甚或是某個古代的太空旅行者故意（或是偶然）帶到這裡的。儘管如此可以解決地球生命的出現的兩難，卻無法解決生命起源的終極問題，因爲它只是把那個讓人駭異的事件往前推到另一個時空去。

對於地球生命的自發性起源的批評者經常會以熱力學第二定律作爲反駁，我們就來談談它。第二定律說，在能量或物質皆無法進出的封閉系統裡，無序（正式一點說即「熵」）的數量會日漸增加。因爲生命形式是秩序井然的，於是有人論證說，如果沒有超自然的造物者，就不可能有生命。然而那其實是誤解了第二定律的整個意思：在系統的某個部分，規律當然可以增加（正如你每天要鋪床收碗盤），但那需要挹注能量，而整個系統的無序的總量也不可能減少。就生命的起源而言，所謂的封閉系統基本上就是整個宇宙，能量得自太陽，而局部的秩序增加（亦即高分子〔macromolecules〕最初的隨機聚結）則完全沒有牴觸該定律。

由於科學至今仍然無法解釋生命起源的深奧問題，若干有神論者便把RNA和DNA的出現視爲神的創世行動的可能契機。如果上帝創造宇宙的最終旨意是要創造能夠和祂和好相處的生物，也就是人類，如果宇宙的化學元素的自我聚結仍然無法達到開啓生命歷程所需的複雜性，難道上帝不能介入開始整個歷程嗎？

這或許是很吸引人的假設，因爲目前任何認眞的科學家都不敢說關於生命起源的自然主義解釋已經完備了。但是儘管現狀如此，未來卻不見得也是那樣。如果要在目前科學無法解釋的領域裡置入某種神的行動，那是要特別謹慎的。從古代的日蝕，到中世紀的行星運行，以至於現代關於生命的起源，「塡補空隙的神」（God of the gaps）的方法經常危害到宗教（也隱然危害到神，如果那是可能的話），信仰把上帝擺到當時對於自然世界的理解的空隙裡，但是如果其後科學塡補了那些空隙，那麼信仰就會面臨危機。在面對關於自然世界的不完備的理解時，信仰者應該小心不要在當時神祕難解的領域裡向神求救，免得架構一個日後註明要瓦解的不必要的神學論證。我們有許多好理由去信仰神，包括創世裡的數學原理和秩序的存在。它們是正面的理由，以知識爲基礎，而不是以知識（暫時）的闕如爲基礎的「缺省假設」（default assumption）。

總之，儘管生命起源的問題令人著迷，而現代科學無法提出有統計學根據的機制，也讓人很好奇，但是那不是一個深思的人該拿他的信仰作賭注的地方。

化石紀錄

雖然業餘和專業的科學家挖掘化石已經好幾個世紀，這些發現在過去二十年裡卻特別密集。以前關於地球歷史的理解裡的許多空隙，現在都被滅絕物種的發現給塡補起來。再者，以那有助於測定地球年紀的放射性衰變歷程爲基礎，那些物種的年代也經常可以準確地估算出來。

曾經存在於地球上的生物體，絕大部分都沒有留下任何存在的痕跡，因爲化石只有在很不尋常的情況下才會形成（例如，某個生物陷於某種泥淖或岩石間，而沒有被掠食動物吃掉）。大部分的骨頭都腐敗粉碎，大部分的生物也都腐爛掉。因此，我們其實很訝異能夠擁有關於地球上曾經存在的生物體如此豐富的資訊。

化石紀錄所顯示的活動年代可惜非常不完備，但還是很有用。例如，只有單細胞生物體才會出現於五．五億年以前的沉積層裡，儘管也可能有更複雜的生物體在那之前存在過。而就在約莫五．五億年前的時候，化石紀錄裡出現大量不同種類的無脊椎動物的軀體結構，經常被稱爲「寒武紀大爆發」（Cambrian explosion），已故的古爾德，當代關於演化最狂熱而抒情的作家，以生華妙筆把它記錄下來，古爾德在他的《奇妙的生命》（*Wonderful Life*）裡質疑演化如何解釋爲什麼在短短的時間裡出現如此多樣的軀體結構。（其他專家曾經主張說寒武紀代表著生命複雜性的一個不連續性，雖然他們的作品比較不爲大眾所知。例如說，所謂的寒武紀大爆發或許是反映一個條件的改變，它讓大量物種變成化石，而那些物種其實已經存在了幾百萬年。）

儘管有些有神論者主張說，寒武紀大爆發證明了某種超自然力量的介入，但是當我們仔細檢視事實，卻似乎無法支持該論證。那是另一個「填補空隙的神」的論證，如果信仰者把他們的信仰奠基於如此的假設上，那是很不聰明的。

現有的證據顯示，直到四億年前，大地仍然很貧瘠，當時植物甫由水生形式衍生出來，出現於乾陸。而不到三千萬年以後，動物也遷移到陸上。這個階段又指出另一個空隙：在化石紀錄裡，在海洋生物和陸生的四足動物之間似乎很少有什麼過渡形式。然而最近的發現卻提到許多此類過渡形式的例子⑥。

恐龍約在二·三億年前開始主宰地球。現在一般認爲約在六千五百萬年前，牠們的統治因爲一個災難而戛然而止：一顆小行星撞上地球，掉落在猶加敦半島（Yucatan）附近。可怕的碰撞揚起的微塵遍覆大地，大氣層中的大量粉塵造成災難性的氣候變化，顯然不是當時居主宰地位的恐龍物種所能承受的，於是導致牠們的絕種及其後哺乳動物的興起。

遠古的小行星撞擊是個很耐人尋味的事件。它或許是唯一可能讓恐龍絕種而讓哺乳動物繁榮的手段。如果小行星沒有撞上墨西哥，很可能我們也不會在這裡了。

大部分人們對人類的化石紀錄特別有興趣，而數十年來的發現也有很深刻的啓示。十幾種原人的骨頭在非洲被發現，其頭蓋體積一個比一個大。第一個標本是始自大約十九·

五萬年前的現代智人。其他支系的原人發展似乎走到盡頭：在歐洲的尼安德塔人（Neanderthals）約爲三萬年前，而最近發現的「哈比人」（hobbits），在印尼弗羅里斯島（Flores）的小矮人，在約在一．三萬年前絕跡。

儘管化石紀錄有許多缺陷，仍然有許多謎團待解，但是幾乎所有發現都和相關生物體的生命樹概念一致。從爬蟲動物到鳥類，以及從爬蟲動物到哺乳動物，都有關於過渡形式的充足證據。主張該模型無法解釋某些物種（例如鯨魚）的那些論證，一般都因爲新的研究發現過渡性物種而被拋棄，而那些物種的年代和地域經常和演化理論所預測的若合符節。

達爾文的演化觀念

達爾文生於一八〇九年，原本是要當個英格蘭教會（Church of England）的神職人員，卻對自然主義產生興趣。雖然年輕的達爾文最初對於培里的鐘錶匠論證心悅誠服，認爲自然的設計可以證明神的存在，但是當他從一八三一年到一八三六年搭乘小獵犬號旅行時，便開始改變他的看法。他到南美洲和加拉阿哥群島（Galapagos Islands），仔細觀察古生物體的化石遺跡，以及在隔離的環境下的生命形式的多樣性。

基於這些觀察以及二十多年的辛勤研究，達爾文提出天擇的演化理論。一八五九年，面對華萊士（A. R. Wallace）⑦搶先發表的可能性，達爾文終於出版了影響深遠的《物種起源》（*The Origin of Species*）並提出他的想法。他知道這本書裡的論證會引起廣泛的回響，於是在書末很謙虛地說：「當我和華萊士先生在書裡提出想法時，或是當關於物種起源的類似想法被普遍接受時，我們可以隱約預見，在自然歷史裡會有巨大的革命。」⑧

達爾文指出，所有現存的物種都是繼嗣自一小群共同的祖先——或許只有一個祖先。他認爲一個物種裡的變異是隨機發生的，而每個生物體的存活或死亡都取決於適應環境的能力。對此他稱爲「天擇」。他也知道其論證潛在的驚爆性質，暗示說相同的歷程也適用於人類，並且在其後的《人類源始論與性擇理論》（*The Descent of Man*）詳述之。

《物種起源》引起立即且激烈的爭議，儘管宗教當局的反彈並不是像現在經常提到的那麼普遍負面。保守派的基督新教權威神學家，普林斯頓大學的班傑明．華費爾（**Benjamin Warfield**）即深受演化理論影響，認爲那是「天佑的方法理論」⑨，主張說演化本身必定有個超自然的造作者。

在對於達爾文的輿論回應裡有許多以訛傳訛的神話。例如說，儘管赫胥黎（T. H.

Huxley）（演化論的熱情擁護者）和牛津主教衛博福（S. Wilberforce）⑩有個很著名的辯論，但是赫胥黎可能不曾說（如傳說中的），他並不恥於有個猴子當祖先，與昧於眞理者爲伍才是羞恥的事。再者，達爾文也沒有被教會排擠，死後甚至葬在西敏寺裡。

達爾文很擔心他的理論對於宗教信仰的影響，雖然他在《物種起源》很辛苦地指出可能的妥協解釋：「我不認爲書中的觀點有什麼理由會搖撼任何人的宗教情感……一個著名的作家暨牧師寫信給我說他『漸漸明白，相信神創造一些原始形式，而它們有能力發展爲其他必要的形式，以及相信神需要新的造物行動，以彌補祂的法則行動所導致的空缺，其實都是一樣高貴的神性觀念。』」⑪

達爾文甚至在《物種起源》裡如此下結論說：「如此的生命觀點是非常壯觀的：生命及其若干能力原來是由造物主灌注到少數形式或一個形式裡的，而且當這個行星依照萬有引力的固定法則持續運行時，卻從如此簡單的開端演化出最美麗的和最奇異的形式，過去如此，而現在也依然在演化著。」⑫

達爾文個人的信仰始終很曖昧，在晚年似乎更加搖擺不定。有時候他說：「不可知論是對於我的心境最正確的寫照。」有時候他又說，他遭遇到「極大的困難，或說是無法去領略浩瀚而奇妙的宇宙，包括人類其及遙想過去或前瞻未來的能力，無論它們是偶然或必然的結果。當我如此反省時，不得不認爲所謂的『第一因』其實擁有在某個程度下類似人類的智慧心靈；而我也可以被稱爲『有神論者』吧。」[13]

現在沒有任何生物學家會懷疑演化論是否能解釋生命神奇的複雜性和多樣性。其實，所有物種經由演化機制而產生的關聯性，是所有生物學最深層的理解基礎，我們很難想像如果沒有演化理論怎麼去探索生命。然而又有什麼理論比達爾文的演化論更加與宗教扞格不入的？從一九二五年鬧劇式的斯科普斯（Scopes）案的「猴子審判」，到現在美國關於在學校裡教授演化論的爭辯，戰爭似乎沒有停火的跡象。

遺傳物質DNA

達爾文的理論缺少一個實證的基礎，這反而使得它更加不同凡響。人們花了一整個世紀的時間去探討生命的操作指南爲什麼會有各種變異，以對應於達爾文的「後代漸變」（descent with modifications）的觀念。

孟德爾（G. Mendel）[14]，默默無聞的捷克奧斯定會（Augustinian）修士，他和達爾文同一個時代，也讀過《物種起源》，但是他們可能不曾見過面。他率先證明了遺傳是由個別而分離的訊息產生的。他在修院裡辛勤地進行豌豆實驗，證明豌豆諸如乾扁或豐圓的特徵裡所涉及的遺傳因子，其實是由數學定律控制的。他當時不知道什麼是基因，但是他的觀察指出必定存在著某種像是基因的東西。

孟德爾的成果被忽略了三十五年。然後，在科學史裡不常見的一個驚人巧合裡，三個科學家在一九〇〇年的幾個月裡同時得到相同的發現。加洛德（A. Garrod）醫生在其著名的「先天性代謝缺陷」（inborn errors of metabolism）研究裡（在他看診的某些家庭裡發生的罕見疾病）證明，孟德爾定律也適用於人類，而那些疾病也來自於和孟德爾在植物所觀察到的相同的遺傳結果。

孟德爾和加洛德爲人類的遺傳觀念增加了數學特性，儘管我們大家都已經很熟悉諸如膚色和眼睛顏色等遺傳特徵。這些型態背後的機制仍然不清楚，以致於沒有人能夠演繹出遺傳的化學基礎。二十世紀上半葉的研究者假設遺傳特質是由蛋白質傳遞的，因爲它們似乎是生物最多樣的分子。

直到一九四四年，艾弗里（O. T. Avery）、麥克勞德（C. M. MacLeod）和麥卡提（M. McCarty）的微生物學實驗證明，能夠傳遞遺傳特徵的是DNA而不是蛋白質。儘管一百年前人們就知道DNA的存在，但是以前只被視爲一種含有核苷酸的物質，沒什麼特別重要性。

不到十年後，關於遺傳的化學性質出現了一個眞正美麗而優雅的答案。測定DNA的結構的瘋狂競賽，於一九五三年由華生和克里克獲勝，正如在華生很有趣的書《雙螺旋》（*The Double Helix*）裡所記述的。華生、克里克和威京斯（M. Wilkins）利用富蘭克林（R. Franklin）[15]得到的數據而推論出DNA分子是雙股螺旋的形式，像螺旋梯一樣，而它攜帶訊息的能力則是由那組成各個階級的一系列化學化合物決定的。

我身爲一個化學家，當然知道DNA的性質如何的不同凡響，而關於生命密碼的答案又有多麼的精彩，因此對於這個分子深感敬畏。就讓我試著解釋一下DNA有多麼優雅。

如圖4.1所示，DNA分子有許多很讓人驚奇的特徵。外部的脊骨是兩條由磷酸和糖排列的單調骨架，但是有趣的東西是在內部。各階梯是由四種化合物組成的，它們稱爲「鹼基」（bases）。我們（根據DNA鹼基的實際名稱）把它們簡稱爲Ａ、Ｃ、Ｇ、Ｔ。每個化學鹼基都有一個特殊的模型。

現在想像在這四種模型當中，模型Ａ只能互補配對到模型Ｔ的相鄰階梯，而模型Ｇ也只能接到模型Ｃ的階梯。它們就是「鹼基對」（bases pairs）。於是你可以把DNA分子描繪成扭曲的梯子，每一階都由一個鹼基對組成。一共有四種可能的階梯：A-T、T-A、C-G、G-C。如果任何一股上面的鹼基受損，可以依據另一股去修復：例如說，唯有Ｔ才能

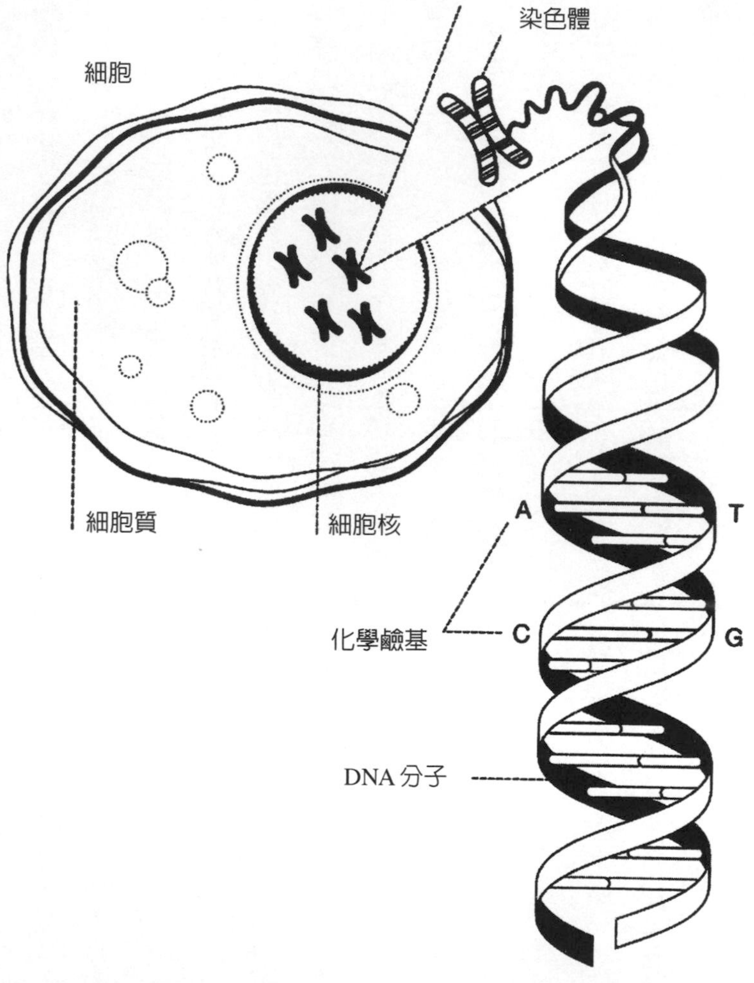

圖 4.1 DNA 的雙股螺旋。由化學鹼基（A、C、G、T）的排列攜帶其訊息。DNA 組成染色體，存在於細胞核裡。

夠取代T。雙股螺旋最優雅的地方在於它自我複製的工具，因爲每一股都可以作爲產生新的一股的模子。如果把所有鹼基對拆開，從中間剖開每一個階梯踏板，那麼每一邊的梯子都包含了複製原來的梯子所需的全部訊息。

初步看來，我們會認爲DNA就像是存在於細胞核裡的指令文字或軟體程式。它的編碼語言只有四個字母（有如電腦裡的兩位元）。一個指令（即基因）由數百個或數千個密碼字母組成。細胞所有的精緻功能，包括和我們一樣複雜的生物體，都必須由文字裡的字母排序決定。

科學家們起初不清楚那個程式是怎麼「跑」的。「傳訊RNA」（RNA messenger, mRNA）的辨識則很靈巧地解開了謎題。構成個殊基因的DNA訊息複製出單股的傳訊RNA分子，那就像是搖晃著踏板的半邊梯子。單股的梯子從細胞核（訊息庫）輸出到細胞質（由蛋白質、油脂和碳水化合物組成的複雜膠狀混合物），進入一個很優雅的蛋白質工廠，稱爲核糖體（ribosome）。工廠裡有許多聰明的轉譯者，它們負責解讀漂浮著的傳訊RNA梯子上面突出的鹼基，把分子裡的訊息轉譯爲一種由氨基酸組成的特殊蛋白質，三個「階梯」的RNA訊息組成一個氨基酸。蛋白質負責細胞的工作並維持其結構的完整。（圖4.2）

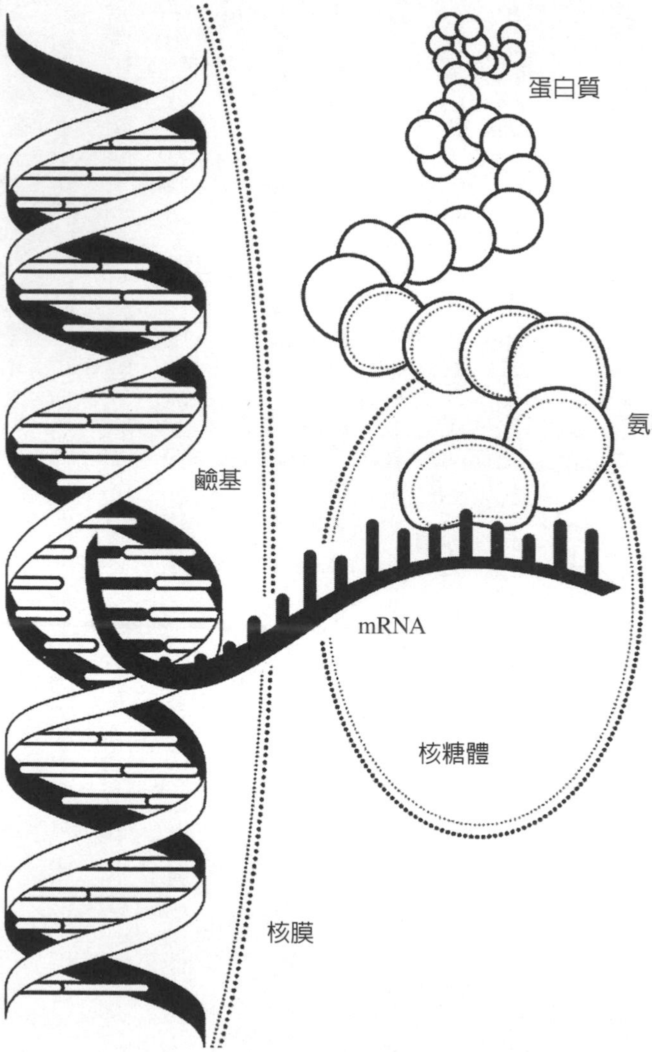

圖4.2 蛋白質的合成途徑

如此簡單的描繪只是浮光掠影地看看DNA、RNA和蛋白質的優雅，而它們會繼續創造敬畏和驚奇。A、C、G、T有六十四種可能的組合（即密碼子），卻只有二十種氨基酸。那意味著有內建的重複：例如，DNA和RNA裡的GAA和GAG都對應到稱爲「穀氨酸」（glutamic acid）的同一個氨基酸。

對於從細菌到人類的眾多生物體的研究顯示，DNA和RNA藉以轉譯爲蛋白質的「基因密碼」遍佈於所有已知的生物體。生命的語言裡不容許有巴別塔。在土壤細菌、芥草、短吻鱷以及你的姑媽的生命語言裡，GAG都意指著「穀氨酸」。

這些科學的進展催生了微生物學的領域。各種微型的化學驚奇的發現，包括作用像剪刀和漿糊一樣的蛋白質，讓科學家們可以藉由從不同地方一片片拼湊這些指令性的分子而控制DNA和RNA。這些分子生物學的實驗把戲都稱爲「重組DNA」，鼓舞了整個生物科技界，結合其他的研究進展，更可望讓許多疾病的治療有革命性的改變。

生物學的真理及其影響

對於那些認爲設計論證是對於上帝造物的有力證明的信仰者而言，本章所提出的結論或許會讓他們不安。許多讀者無疑地都曾經自省或從宗教教義裡明白，一朵花的燦爛的美，或是一隻老鷹的飛翔，都只是一個超自然的智慧構思複雜性、多樣性和美的結果。但是現在人們以分子的機制、遺傳路徑和天擇去解釋它，你們或許會大叫說：「夠了！你們的自然主義解釋把世界裡的神性奧祕都趕跑啦！」

別怕，還有很多神性的奧祕。許多思考過科學和屬靈的證據的人們，仍然相信神的創造和帶領。對我而言，生命本質的發現並沒有讓我有絲毫的失望或幻想破滅——正好相反！原來生命是如此不可思議且複雜難解！DNA如數字般的優雅是如此賞心悅目！生物的組成是多麼的美麗而崇高：從那把RNA轉譯為蛋白質的核糖體，到毛毛蟲蛻變為蝴蝶，到孔雀用來求偶的絢麗羽毛！演化機制可能為真，也必須為真。但是那並沒有談到演化的創造者的本性。對於信仰上帝的人們而言，現在他們有理由更加敬畏上帝，而不會輕蔑祂。

---

①譯注：培里（William Paley, 1743-1805），英國牧師、功利主義哲學家，曾提出著名的「鐘錶匠類比」以證明上帝存在。

②W. Paley, *The Works of William Paley*, edited by Victor Nuovo and Carol Keene (New York: Thoemmes Continuum, 1988).

③C. R. Woese, "A New Biology for a New Century," *Microbiology and Molecular Biology Reviews 68* (2004): 173-86.

④譯注：史丹利・米勒（Stanley Miller, 1930-2007），美國化學家和生物學家；哈洛・尤瑞（Harold Urey, 1893-1981），美國物理化學家，一九三四年獲諾貝爾化學獎。

⑤譯注：法蘭西斯・克里克（Francis Crick, 1916-2004），英國分子生物學家和腦神經科學家，一九五三年發現DNA結構，與華生和威京斯於一九六二年共同獲得諾貝爾生理學或醫學獎。

⑥D. Falk, *Coming to Peace with Science* (Downers Grove: Intervarsity Press, 2004).

⑦譯注：華萊士（Alfred Russel Wallace, 1823-1913），英國博物學家和生物學家。他獨力提出天擇理論，使得達爾文提早出版他的《物種起源》。

⑧C. R. Darwin, *The Origin of Species* (New York: Penguin, 1958), 456（中譯：《物種起源》，商務印書館）。

⑨B. B. Warfield, "On the Antiquity and the Unity of the Human Race," *Princeton Theological Review* 9 (1911):1-25.

⑩譯注：赫胥黎（Thomas H. Huxley, 1825-1895），英國生物學家，以「達爾文的鬥牛犬」綽號著稱；衛博福（Samuel Wilberforce, 1805-1873），英國英格蘭教會主教。

⑪Darwin, *Origin*, 452.

⑫同前揭，第459頁。

⑬C. R. Darwin, quoted in Kenneth R. Miller, *Finding Darwin's God* (New York: HarperCollins, 1999), 287.

⑭譯注：孟德爾（Gregor Mendel, 1822-1884），莫拉維亞奧斯定修會修士，被稱為「現代遺傳學之父」。

⑮譯注：富蘭克林（Rosalind Franklin, 1920-1958），英國物理化學家，以「DNA纖維的X射線衍射分析」對於DNA結構的研究貢獻著稱。

第五章

解碼上帝的操作指南：人類基因體計畫

當我在一九八〇年代初期參加耶魯大學的基因研究團隊時，測定DNA密碼的數百個字母實際順序仍然是個很艱鉅的任務。我們的方法非常講究，需要許多準備步驟，使用昂貴且危險的試劑，例如放射性化學品，並且以手工傾倒超薄凝膠，它們總是會有氣泡和其他瑕疵。細節並不重要；重點是，它需要永無止境地嘗試錯誤，只爲了要篩檢出人類基因密碼的幾百個字母。

儘管困難重重，我最早出版的關於人類基因的論文，就是以DNA的定序爲基礎。我研究的是一個蛋白質的產生，它在人類胎兒的紅血球細胞裡被發現，當嬰兒出生後開始用他們的肺呼吸，它就會漸漸消失。那個蛋白質叫作胎兒血紅素（fetal hemoglobin），血紅素是讓紅血球得以把氧氣從肺臟送到身體其他部位的一種蛋白質。人類和某些猴子會在出生前利用特殊的血紅素，有助於從母親的血液裡萃取出氧氣，以養育成長中的胎兒。在嬰兒一歲前，胎兒血紅素總量會逐漸下降，轉而製造成人血紅素。然而在我研究的牙買加家庭裡，成人的胎兒血紅素含量仍然很可觀。這種「遺傳性胎兒血紅素持續存在症」的病因非常有趣，因爲如果我們知道如何在任何人身上刻意啓動它的話，就可以大大降低鐮刀型貧血症（sickle-cell anemia）的損害。鐮刀型貧血症病患的紅血球裡只要有百分之二十的胎兒血紅素，基本上就可以解決痛苦的危險期以及惡化的器官損壞。

我永遠不會忘記那一天，當我在定序時，在那啓動製造胎兒血紅素的基因的某個「上游」位置裡顯示出一個G，而不是C。一個字母的更改，結果卻是在成人體內開啓了胎兒程序（fetal program）。我非常興奮卻疲憊不堪——我花了一年半的時間才發現人類基因密碼的一個更改的字母。

接著，我在三年後很訝異地發現，有些高瞻遠矚的科學家已經開始討論爲整個人類基因體的DNA定序的可能性，它估計約莫有三十億個鹼基對。那當然不是我這一輩子可以完成的目標。

投入致命的遺傳疾病：纖維囊腫

當時我們對於基因體的可能內容所知不多。沒有人眞正在顯微鏡下看到一個人類基因的化學鹼基（它們太小了）。只有幾百個基因被辨識出其性質，而關於基因體裡有多少個基因的估算仍然眾說紛紜。即使是基因的定義都還有點混亂；一個基因是一段可以爲某個蛋白質編碼的DNA，如此簡單定義卻被以下的發現給動搖了：基因的蛋白質編碼區會被其中介入的DNA片段給阻斷，它稱爲「內含子」（intron, intervening region）。依據編碼區如何依序在RNA拷貝裡被剪接（spliced）在一起，一個基因有時候可以爲若干不同（但相關）的蛋白質編碼。再者，在基因與基因之間，有很長一段DNA似乎沒什麼作用；有人甚至稱之爲「垃圾DNA」，雖然只有非常無知而傲慢的人才會把任何一部分的基因體稱爲「垃圾」。

儘管有種種的不確定性，但是完整的基因體序列的價值是無庸置疑的。人類生物學的部分任務就藏在這部浩瀚無垠的操作指南裡，其長遠的任務則是爲我們所知有限而難以治療的疾病提供線索。身爲一個醫生，能夠展讀這部最權威的醫學教科書，是非常吸引我的事。於是，儘管我仍然是學院的初生之犢，也不清楚如此大膽的計畫會遇到什麼現實問題，我加入討論爲人類基因體定序的組織計畫，也就是現在著名的「人類基因體計畫」。

我渴望看到整個人類基因體，在其後幾年裡顯露無遺。我指導一個由認眞勤奮的研究生和博士後研究員組成的菜鳥實驗室，決定探索某些始終不得其解的疾病的遺傳基礎。尤其是纖維囊腫（cystic fibrosis），北歐最常見的致命遺傳疾病。該疾病通常在嬰幼兒時期就會被診斷出來，他們會體重減輕，並且反覆出現呼吸道感染。留心的母親注意到親吻孩子時有鹹味，醫師會根據這些訊息，以孩子的汗水裡的氯化物濃度太高作爲診斷指標。我們也知道纖維囊腫的病患肺部會有濃稠的分泌物，但是我們不知道那肯定出了錯的基因到底有什麼影響。

我在一九七〇年代末期於醫院實習時初次遇到纖維囊腫的病例。在一九五〇年代，罹患纖維囊腫的兒童很少活到十歲。症狀控制的改善（更換胰臟裡的酵素、以更好的抗生素治療肺部感染、改善營養和物理治療）漸漸延長纖維囊腫病患的壽命，到了一九七〇年代，他們甚至可以活到上大學、結婚和就業。但是痊癒的希望長期看來仍然很黯淡。如果沒有對於遺傳缺陷的基礎研究，醫學會覺得像在黑暗裡摸索。我們只知道，在三十億個DNA密碼的字母裡，至少有一個字母在脆弱的地方發生錯誤。

要發現如此細微的「拼錯」（misspelling）幾乎是在大海裡撈針。但是我們也知道纖維囊腫是隱性遺傳的。要了解那是什麼意思，我們得先考慮到，我們每個基因都有兩個拷貝，分別遺傳自母親和父親。（X和Y染色體上面的基因是例外，它們只存在於男性的單一拷貝。）在諸如纖維囊腫的隱性疾病裡，唯有基因的「兩個」拷貝都出錯，孩子才會罹病。而那得父母親都擁有出錯的拷貝，但是因爲擁有正常和有瑕疵的拷貝的個體看起來完全健康，這些帶基因者也就不會察覺自己的狀況（在北歐的譜系裡，每三十個人有一個是纖維囊腫的帶基因者，他們大部分都沒有家族病史）。

因此，纖維囊腫的遺傳基礎是對於DNA的偵測很有趣的練習：即使不知道是哪個基因有問題，研究者可以從有許多兄弟姐妹的纖維囊腫家族的所有基因體，去追蹤幾百個隨機的DNA的遺傳，他們採集那些可能或不會罹患纖維囊腫的兄弟姐妹的DNA片段，那些片段必定與纖維囊腫的基因相鄰。我們的確無法解讀三十億對字母，但是我們可以到處隨機探照幾百萬對字母，並且尋找它們和疾病的任何關聯。我們得重複好幾百次，但是基因體畢竟是有限的訊息，所以只要持之以恆，我們有信心可以找出正確的相鄰位置。

讓科學家們和許多家庭喜出望外的是，我們在一九八五年完成了它，並且證明纖維囊腫的基因必定位於第七號染色體上面的兩百萬個DNA的鹼基對片段裡。但是眞正困難的地方才要開始。當時我用一個類比去解釋爲什麼那是個大麻煩：該研究就像是尋找在美國某處的家庭的地下室裡的一只燒壞的燈泡。家族研究是個很有力的起點，它讓我們辨識出正確的州和正確的郡。但是那只是從兩萬英尺的高空鳥瞰，該策略無法再有什麼進展。我們需要挨家挨戶地搜尋，每一只燈泡都要測試。

而我們甚至沒有任何地區的地圖。在一九八五年，第七號染色體和大部分的基因體一樣都沒有被探索過。用隱喻來說，沒有城市或鄉村的地圖，沒有建築物的藍圖，也沒有燈泡的存貨清單。這個工作的確很嚴酷。

我的團隊和我發明了一個方法，稱爲「染色體跳躍」（chromosome jumping），讓我們可以踩著彈簧高蹺一舉越過兩百萬個鹼基對目標，而不必以傳統的方式慢慢爬。我們可以在多個地點從事挨家挨戶的搜尋。但是那個挑戰仍然幾乎無法撼動，科學界裡有許多人認爲該方法非常不切實際，對於人類疾病沒有什麼幫助。在一九八七年，面對拮据的資源和不斷升高的挫折，我的實驗室和徐立之博士的研究室合併，當時他是多倫多病童醫院研究所遺傳系主任。實驗室的合併給了我們新的能量。搜尋就像一個偵探故事：我們知道在最後一頁終究會謎底揭曉，但是我們不知道要走多久才能到終點。有太多的線索和死巷子。曾經有三、四次，我們爲了找到可能的答案而興奮不已，翌日卻因爲新資料而被推翻，此後我們就不對任何事太過樂觀了。我們很難對同事解釋爲什麼還沒有發現基因，或是爲什麼我們還不放棄。用另一個隱喻去解釋問題的困難度，有時候我甚至跑到密西根當地的農場，坐在大草堆上，手裡拿著一根針，讓人爲我拍照。

終於找到「燒壞的燈泡」

在一九八九年五月的一個風雨夜晚裡，答案終於出現。我和徐立之到耶魯開會，在宿舍裡的傳眞機吐出一堆紙，那是當天實驗室工作的資料，上面清楚顯示，一個先前未知的基因的蛋白質編碼區裡有三個 DNA 密碼字母被刪除（也就是 CTT），那正是大部分纖維囊腫的病因。我和其他人沒多久即證明，在該基因（現在稱爲 CFTR）裡的突變和其他比較罕見的「拼錯」，即爲該疾病的始作俑者。

就是它，我們總算找到燒壞的燈泡，藉由逐步接近其染色體的位置，我們可以辨識出疾病的基因。那是値得慶賀的偉大時刻。儘管一路走來漫長而多蹇，但是現在我們可以認眞期待治療方法的發現了。

後來在一次纖維囊腫的研究員、家庭和醫師的聚會裡，我寫了一首歌慶祝基因的發現。音樂總是幫助我去表現和體驗那難以言喻的事物。雖然我的吉他技術差強人意，卻很高興大夥能夠一起引吭高歌。那個經驗是屬靈的而不是科學的。當大家站起來合唱時，我不禁潸然落淚。

勇於作夢，勇於作夢，
我的弟兄姐妹們自由呼吸。
沒有害怕，我們的心永不退縮，
直到纖維囊腫的故事成為歷史。

但是接下來的路比預期的要困難得多，而纖維囊腫的故事也很可惜的還沒有成爲歷史。但是基因的發現的確讓人振奮，而我們也相信纖維囊腫的研究終究會獲得最後的勝利。全世界有二十多個研究團隊在尋找纖維囊腫的基因，他們花了十年的時間以及五千多萬美金去辨識一個疾病的基因。而纖維囊腫的基因可以說是最容易發現的，因爲它是很常見的疾病，並且完全符合孟德爾定律。我們怎麼能夠想像把這個工作成果擴及於數百個亟待解決的罕見疾病呢？更困難的是，我們如何能夠想像以相同的策略去研究諸如糖尿病、精神分裂症、心臟病，或常見的癌症？我們知道其中的遺傳因素非常重要，但是證據顯示那涉及許多基因，沒有一個基因是主要的原因。在那些例子裡，我們或許必須找尋十幾個燈泡，而它們甚至不是燒壞的，而只是比正常的燈泡暗一點。如果我們仍然希望在更加艱困的環境裡有所斬獲，那麼就必須對於基因體的每個角落和縫隙都瞭若指掌。我們需要有一幅挨家挨戶的全國地圖。

關於該計畫的各種意見，在一九八〇年代末期引起激烈的辯論①。儘管大多數科學家都同意該資料終究是有用的，但是該計畫的規模實在太大，看起來似乎沒有實現的一天。再者，我們已知只有一小部分的基因體是蛋白質編碼區，是否有必要爲其他部分定序（「垃圾DNA」）則是有爭議的。有個知名的科學家說：「爲基因體定序的用處差不多就像是把莎士比亞全集譯成楔形文字，卻沒有像翻譯那樣可行或容易。」

也有人說：「那根本是無稽之談……遺傳學家就像是渡過整個胡言亂語的海洋，卻要爬上幾個資訊的小島而不弄濕腳。」然而大部分的顧慮都是因爲那個計畫所費不貲，而且可能吸走其他生物學研究計畫的經費。對此顧慮的最好對策，就是把餅做大，爲計畫找尋新的經費。「人類基因體計畫」的新主任吉姆·華生（Jim Watson）非常善於募款，他也是DNA的雙股螺旋的共同發現者。華生是當時生物學界的無敵搖滾巨星，他說服國會壓注在這個新的計畫上面。

華生主導最初兩年的美國基因體計畫，成果斐然，他設立基因體中心，招募當時最優秀聰明的科學家參與計畫的工作。許多人懷疑該計畫如何在預定的十五年內完成，因爲當時還有許多完成目標所需的科技尚未發明出來呢。在一九九二年，華生在與美國國家衛生研究院公開辯論是否要對於殘缺不全的DNA取得專利（華生強烈反對）以後，突然決定離開該計畫，而使它出現危機。

接掌「人類基因體計畫」

於是他們到美國各地尋訪新的計畫主任。當他們找上我的時候，沒有人比我更驚訝。我在密西根大學指導一個基因體研究中心，覺得滿愉快的，沒想過要當公務員，因此起初我沒什麼興趣。但是那個決定始終縈繞在心裡。「人類基因體計畫」只有一個。在人類歷史裡也是絕無僅有的。如果它成功的話，對於醫學的影響將是史無前例的。作爲上帝的信徒，這時候是不是上帝召喚我去指導一個可能更了解我們自己的計畫？那是一個解讀上帝的語言的機會，得以一窺人類誕生的所有細節。我可以袖手旁觀嗎？我一直不很相信那些人在類似的時刻宣稱看到神的旨意，但是這個探險的莊嚴意義以及它對於人類與造物主的關係的可能影響，卻是不容忽視的。

我在一九九二年十一月到北卡羅萊納州去看我女兒，一整個下午都在小教堂禱告，尋求一點關於這個決定的指引。我並沒有聽到上帝「說話」，其實我也不曾有此經驗。但是在晚課結束時，我覺得非常平安。幾天後，我就接受了那個工作。

後來的十年就是個瘋狂的雲霄飛車經驗。「人類基因體計畫」的野心原本非常大，但是我們既設定了有挑戰性的里程碑，就要很有擔當地完成它。有時候我們遇到很大的挫折，原本在測試時似乎很有希望的方法經常被全盤推翻。我們的科學團隊裡的某些成員也偶爾會意見衝突，而我的工作就是當個仲裁者。有些研究中心因爲主其事者懷憂喪志而被停掉。但是他們有時候也嘗到勝利的果實，當挑戰目標達成，而且開始累積許多醫學的發現。到了一九九六年，我們已經準備要進行眞正大規模的DNA定序，和我在一九八五年追蹤纖維囊腫基因時相較之下，我們的程序在科技上更加進步而有成本效率。我們主導國際公共研究計畫的一群人要求分享資料，並且協議DNA的定序不會申請任何形式的專利。我們矢志要讓世界各地想要了解重要的醫學問題的研究者都能夠無償取得我們的研究資料。

接下來的三年裡成果豐碩，到了一九九七年，我們的進展尤其神速。但是眼前又出現一個新的挑戰。為整個基因體定序在以前被認為沒有什麼商業利益，但是當資訊的價值越來越明顯，而定序的成本也降低，於是私人公司開始對公共的「人類基因體計畫」發動大規模的挑戰。克雷格・文特（Craig Venter），賽雷拉基因公司（Celera Genomics）的創立者，宣布要完成大規模的基因體定序，但是會對許多基因提出專利申請，並且成立付費授權的資料庫，人們需要付一筆很可觀的錢才能夠取得資訊。

認為人類基因體序列可以當作私有財產的這種觀念讓人非常沮喪。更重要的是，國會也開始討論是否該繼續用納稅人的錢去支持一個由私人部門去執行可能比較好的計畫，儘管當時賽雷拉並未研究出什麼資料，而且他們計畫採用的科學策略也不太可能得到眞正完整而精確的序列。但是資金充足的賽雷拉公關部分到處宣傳他們有更高的效率，也竭盡所能地把公部門的計畫貼上牛步和官僚的標籤。由於「人類基因體計畫」是在世界最著名的大學裡進行的，其成員也是世界頂尖的科學家，因此他們的說法有點站不住腳。但是媒體喜歡爭議。於是有許多專欄談論基因體定序「競賽」，甚至談到文特的遊艇和我的機車。眞是八卦！但是評論者沒有注意到，我們爭論的重點不在於誰比較快，比較省錢（賽雷拉和公共計畫現在都已經發表其成果）。那毋寧是理想之爭。人類基因體序列，或說是共同的遺傳，究竟會變成商品或是普世的公共財。

揭曉上帝的語言

我們的團隊不敢有絲毫鬆懈。我們在六個國家的二十個公共基因研究中心和時間競賽。我們每秒得出一千個鹼基對，每週七天，每天二十四小時，就這樣，在一年半裡，我們得到涵蓋百分之九十的基因體序列的初稿。賽雷拉也累積了大量的資料，但是成功之日仍然遙遙無期。賽雷拉知道他們也可以利用公共的資料，於是只完成計畫的一半就停下來了。最後，賽雷拉所公布的基因體資料，有一半以上是取自公共資料。

於是「競賽」變得很難看，而且可能損及目標的重要性。在二○○○年四月底，賽雷拉和「人類基因體計畫」準備共同宣布初稿完成，我去找文特和我的一個共同的朋友（美國能源部人類基因體計畫的阿里・派崔諾斯〔Ari Patrinos〕），要他安排一個密會。我和文特在阿里的地下室裡喝啤酒吃披薩，擬定同時宣布初稿完成。

於是，正如導論裡所提到的，二○○○年七月二十六日，我在白宮東廳和美國總統併肩而立，宣布人類的操作指南的初稿已經完成測定。上帝的語言已經揭曉。

其後三年間，我有幸繼續領導該公共計畫，以修正初稿的序列，填補剩下的空隙，並且日以繼夜地把所有資料都存到公共的資料庫裡。二○○三年四月，就在華生和克里克發表雙股螺旋的五十週年，我們宣布「人類基因體計畫」大功告成。作爲計畫的監督者，我爲兩千多個科學家感到驕傲，他們完成了這壯舉，我相信那將是此後一千年內人類最偉大的成就之一。「遺傳學聯盟」（Genetic Alliance）是關懷且幫助罹患罕見遺傳疾病的家庭的公益團體，他們跟著也舉辦「人類基因體計畫」的慶功會，我在會中改寫了耳熟能詳的民歌「所有好人」（All the Good People）以應景。大夥一起合唱：

這是一首寫給所有好人的歌，
所有屬於這個家的好人。
這是一首寫給所有好人的歌，
我們因為這一條共同的線而心手相連。

我加了幾句歌詞，描寫許多努力對抗罕見疾病的家庭，無論是他們自己或是他們的孩子。

這是一首寫給受苦者的歌，
你們的力量和精神感動了天地萬物。
你們的奉獻鼓舞了我們，
因為你們的勇氣，我們才能昂首向前。

最後我也提到基因體：

它是一本操作指南，歷史記錄。
醫學教科書，它是這一切交織而成的。
它是民有，民治
民享，它是屬於你和我。

對於我這個信徒而言，揭露人類基因體序列還有另一個意義。神以語言創造天地，而這本操作指南正是以神的DNA語言寫成的。我在綜覽這部最重要的生物學教科書時，心裡充滿著莫名的敬畏。是的，關於它所用的語言，我們所知有限，或許得花幾十年（如果不是數百年的話）去了解它的使用說明，但是我們已經踏上一座探索全新的國度的不歸路。

初次解讀基因體時的驚訝

關於「人類基因體計畫」的著作汗牛充棟（或許其實太多了）②。或許將來我自己也會寫一本，希望有前車之鑑，可以免去時下許多讓人喘不過氣來的流行宣言。然而，本書的目的不是要著墨於這些驚人的經驗，而是要仔細思考現代科學的理解如何與上帝信仰和諧相處。

就此而論，仔細觀察人類基因體，並且和其他已經被定序的生物體作比較，其實是滿有趣的事。我們綜觀浩浩蕩蕩的人類基因體，三十一億個DNA密碼橫跨二十三對染色體，立即浮現若干驚奇。

第一個驚奇是，基因體其實只有很小部分是用來給蛋白質編碼的。儘管我們有限的實驗和計算的方法很難得到比較準確的估算，仍然可知人基因體裡約莫有二萬～二萬五千個蛋白質編碼基因。那些基因用來爲蛋白質編碼的DNA總量只占全部的百分之一・五。十年來我們原本預期要找到十萬個基因的，但是我們許多人很訝異地發現上帝關於人類的故事卻是寫得這麼短。尤其讓我們驚訝的是，其他比較簡單的生物體，諸如蠕蟲、蒼蠅和簡單的植物，它們的基因數似乎也差不多兩萬個。

有些觀察者認爲這對人類的複雜性而言是個莫大的恥辱。我們豈不是一直欺騙自己說在動物王國擁有特殊地位嗎？呃，並不見得，基因數目並不能決定一切。根據任何的估算，人類的生物複雜性都明顯大於蛔蟲（它總共有九百六十九個細胞），即使兩者的基因數目很接近。當然也沒有其他生物體曾經爲自己的基因體定序！我們的複雜性不應該是源自於個別說明項目的數量，而在於它們怎麼被利用。或許我們的組成元素知道如何執行多重任務？

另一方面，我們也可以用語言的隱喻去思考。一般教育程度的英語使用者大約有兩萬個字彙。它們可以用來撰寫簡單的文件（例如汽車使用說明），也可以構成複雜的文學著作，例如喬哀斯（James Joyce）的《尤利西斯》（*Ulysses*）。同理，蠕蟲、昆蟲、魚和鳥顯然也需要大約兩萬個基因語彙以產生功能，雖然它們利用這些資源的方式沒有我們那麼精巧複雜。

人類基因體的另一個顯著的特質，是來自於和我們自己物種的不同成員所做的比較。

在DNA層次上，我們有百分之九十九的部分是完全相同的。你從世界任何角落隨便挑兩個人比較，都會得到這個相似度。因此，由DNA的分析得知，我們人類其實是一家人。基因顯著的低度多樣性讓我們有別於地球上大部分的其他物種，它們的DNA的多樣性程度是我們的十倍甚至到五十倍。被派到地球來研究各種生命形式的外星人或許會探索許多人類有趣的東西，但是他肯定會提到我們物種基因顯著的低度多樣性。族群遺傳學家（population geneticists）的訓練包括以數學工具去重構動物、植物或細菌的族群歷史，他們看到人類基因體的這些事實，便推論說該事實意指著我們物種的所有成員都源自十萬到十五萬年前的共同祖先，其族群數量約莫一萬個。這個說法和化石紀錄相符，而化石紀錄則顯示那些祖先很可能是來自東非。

對於各種基因體的研究讓我們可以把我們自己的基因體序列和其他生物體仔細比較。我們可以利用電腦選一段人類的DNA，看看其他物種是否類似的序列。如果我們選一個人類基因的編碼區（也就是包含蛋白質的使用說明的部分），並且用它來搜尋，幾乎可以在其他哺乳動物的基因體裡找到非常有意思的配對。許多基因也會顯現和魚類清楚卻不完整的配對。有些基因甚至與更簡單的生物體配對，例如果蠅和蛔蟲。在某些顯著的例子裡，相似性擴及於酵母菌甚至細菌。

	編碼蛋白質的基因序列	基因之間隨機性的DNA片段
黑猩猩	100%	98%
狗	99%	52%
小鼠	99%	40%
雞	75%	4%
果蠅	60%	～0%
蛔蟲	35%	～0%

表5.1 以一段人類DNA序列開始而在其他生物體找到類似DNA序列的可能性

另一方面，如果我們選擇在基因之間的一小段DNA，那麼在其他遠緣生物體的基因體裡就比較不可能找到相似的序列。但是不是完全不可能；以電腦仔細搜尋的話，有一半的片段可以和其他哺乳動物比對，而幾乎都和其他非人類的靈長類動物比對相符。表5.1顯示配對成功的比例，區分爲幾個範疇。

這一切代表什麼意思呢？它在兩個不同層面上給與達爾文的演化論很有力的支持，也就是共同的祖先源起，以及隨機發生的突變所造成的天擇。就整個基因體的層面而言，一部電腦只要以多種生物體的DNA序列的相似性爲基礎就可以建構一株生命樹。其結論見圖5.1。我們要注意的是，這個分析並沒有利用任何化石紀錄或現有生物的解剖學觀察的資訊。但是對於現有生物體和化石的比較解剖學研究所得到的結論，卻和該分析非常類似。

第二個層面是在基因體內部，達爾文的理論預測說，

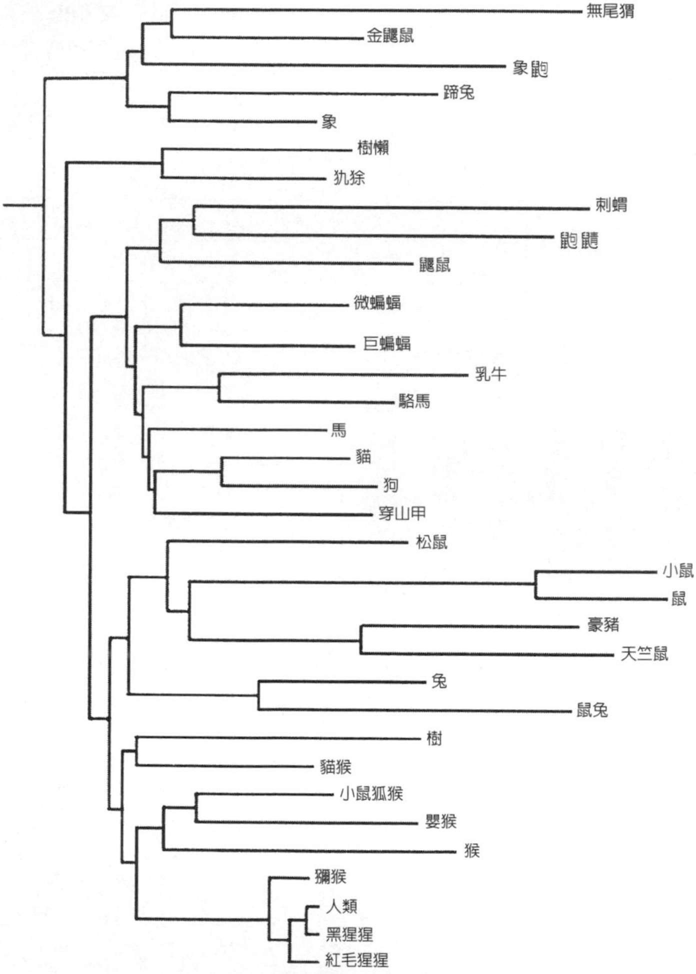

圖5.1 本頁是現在流行的生命樹觀點，也就是只從DNA序列去比較不同的哺乳動物的親緣關係。支系的長度代表物種差異的程度，因此，小鼠（mouse）和鼠（rat）的DNA序列比小鼠和松鼠的DNA序列更近緣，而人類與黑猩猩的DNA序列的親緣關係也比人類與獮猴的DNA序列更接近。次頁是個有趣的歷史比較，那是達爾文在一八三七年的筆記，在「I think」底下是他自己想像的連結不同物種的生命樹。

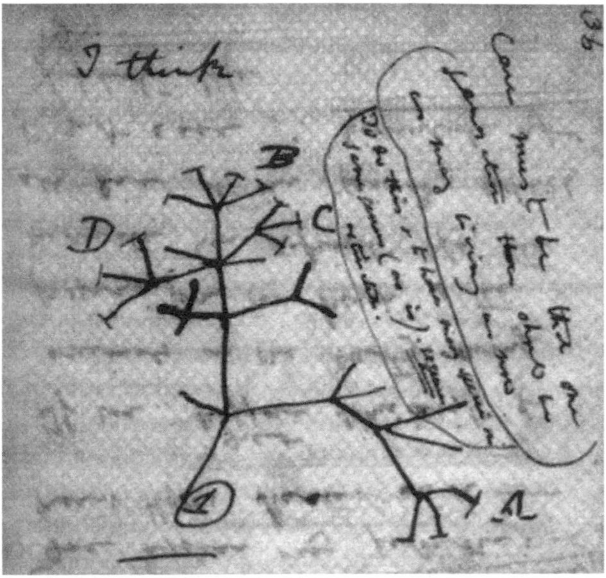

不會影響功能的突變（也就是在「垃圾DNA」裡的）會長年穩定累積。然而，在基因編碼區裡的突變卻被認爲不會那麼容易觀察到，因爲大部分會被刪掉，只有極少數的突變事件會提供選擇的優勢，而在演化過程裡留下來。而這個現象正是我們所觀察到的。它甚至適用於基因編碼區的細部。

在前一章裡，我們看到基因密碼子在變質當中：例如，GAA和GAG都會替穀氨酸編碼。那意味著在編碼區裡有某些「寂靜」突變，被編碼的穀氨酸並沒有因爲突變而有什麼改變，因此也不必被懲罰。當我們比較近緣物種的DNA序列時，在編碼區裡，寂靜差異比其他對穀氨酸造成影響的突變更為常見。而那正是達爾文的演化理論預測的。或謂如果這些基因體是由一個創世行動所造的，為什麼會有如此特殊的性質出現？

達爾文和 DNA

達爾文為他的演化論感到很不安。這就是為什麼他在發展該觀念的二十五年後才出版《物種起源》。達爾文好幾次說他很想回到幾百萬年前去實地觀察他的理論所推測的事件。當時他做不到，現在的我們也沒辦法。但是也因為沒有時光機器，達爾文幾乎無法想像我們藉由研究多種生物體的 DNA 能得到如此有說服力的數據證明。

在十九世紀中葉，達爾文無從得知經由天擇的演化機制是什麼。現在我們知道，DNA 裡頭自然發生的突變證實了他所假設的變異。據估算，每一代的一億個鹼基對裡大約會發生一次錯誤。（也就是說，由於我們都有兩個各約有三十一億個鹼基對的基因體，分別來自母親和父親，所以我們大概會有六十個不存在於父母親身上的新突變。）

大部分的突變都發生在基因體裡比較不重要的部分，因此影響很小，甚至沒有任何影響。落在基因比較脆弱的部分的突變一般都是有害的，很快就會被群體淘汰，因為它們會減損複製的健康狀態。但是在很罕見的情況下，隨機發生的突變會提供些微的選擇優勢。

新的DNA「拼寫」比較有可能傳遞到下一代。如此長時間下來，這些罕見而有利的突變就可能擴及到物種的所有成員，最終導致生物功能的重大變化。在某些情況裡，科學家甚至掌握到演化的痕跡，因爲我們現在擁有追蹤這些事件的工具。批評達爾文主義的人們喜歡說，在化石紀錄裡沒有「宏觀演化」的證據（也就是各種物種的重大改變），而只有「微觀演化」（一個物種裡的漸進改變）的證據。他們說，我們看到雀嘴形狀長時間因爲食物來源的改變而有所變化，但是我們沒有看到新物種的產生。

現在人們漸漸認爲宏觀演化和微觀演化的區分是很任意的。例如，史丹福大學的一個研究團隊致力於理解刺魚（stickleback fish）的棘刺的豐富多樣性。生活在鹹水的刺魚有一排三十六根的棘刺片，從頭部延伸到尾鰭，但是世界各地的淡水刺魚族群則因爲掠食動物比較少而失去大部分的棘刺。

淡水刺魚顯然是在一萬到兩萬年前來到現在的棲地，那是在上一個冰河期末期大規模的冰河融化以後。仔細比較淡水魚的基因體可以辨識出一個特別的基因——EDA，其變異在淡水環境裡不斷重複且獨立地出現，導致失去棘片。有趣的是，人類也有EDA基因，而在該基因裡自然發生的突變會導致毛髮、牙齒、汗腺和骨骼的缺陷。我們不難看到淡水刺魚和鹹水刺魚的差異如何擴大而形成所有魚的種類。宏觀演化和微觀演化的區分因此是相當任意的；導致新物種的產生的巨大變化其實是一連串漸進步驟的結果。

在日常經驗裡，某些致病的病毒、細菌和寄生蟲的迅速變異也可以被視爲演化的痕跡。一九八九年，我在西非感染瘧疾，儘管我吃了氯奎寧劑，仍然無法倖免。瘧疾寄生蟲的基因體裡隨機發生的自然變異，由於人們多年來重度使用氯奎寧劑，結果產生具有抗藥性的病原體，而使瘧疾迅速蔓延。同樣的，那導致愛滋病的人類免疫不全病毒（HIV）快速的演化改變，對於疫苗的發展是很嚴峻的考驗，也是以藥物治療的愛滋病患最後復發的主因。禽流感的H5N1病株讓人聞風色變，正是因爲現有的病株不只會對於家禽和少數接觸它們的人類造成危害，更會演化出人對人傳染的形式而更容易擴散。我們可以說，不只是生物學，甚至是醫學，沒有演化理論就無法去理解它們。

人類演化的意義為何？

以演化科學去了解刺魚是一回事，但是我們自己呢？自從達爾文的時代，儘管人們擁有不同的世界觀，卻不約而同的想要去理解生物學和演化論的啓示如何應用到人類這種特別的動物身上。

基因體的研究難免會得到一個結論：我們人類和其他生物有共同的祖先。圖、表5.1顯示了若干證據，其中可以看到我們和其他生物的基因體的相似度。當然光是這個證據並無法證明我們有共同的祖先；從創造論的觀點來看，這種相似性只能證明上帝一再使用成功的設計原則。然而我們會看到，正如上面討論到的蛋白質編碼區的「寂靜」突變所預示的，對於基因體的仔細研究證明那個解釋幾乎是不成立的，不只是對於其他生物，對於人類也是如此。

我們首先比較小鼠和人類的基因體，它們皆已經有非常精確的測定。兩者的基因體規模大致相同，而蛋白質編碼基因更是非常類似。但是當我們更仔細觀察時，馬上就看到其他可以證明共同祖先的明確記號，在整段DNA上面，人類和小鼠的染色體大致上都有相同的基因順序，因此，如果我發現人類的基因依序是A、B、C，我很可能在小鼠身上找到相同的A、B、C順序的對應，儘管間隔會有點不同。（圖5.2）。在某些情況裡，這種對應關係甚至延伸到很長的距離，例如人類第十七對染色體幾乎所有的基因，都可以在小鼠的第十一對染色體發現到。儘管有人可能會說，基因順序對於其功能的正常進行是很重要的，因此設計者在各種特別的創造行動裡都維持該順序，但是分子生物學至今的理解裡卻沒有證據可以證明這麼長的染色體距離需要有這種限制。

所謂「古老重複子」（ancient repetitive elements, AREs）的研究更有力地證明了共同祖先的說法。它們來自「跳躍基因」，能夠在基因體裡的各個位置複製自己和插入，而通常不會影響到功能。哺乳動物的基因體裡到處都是這種古老重複子，人類基因體裡大約有百分之四十五是由這些破爛玩意兒組成的。當我們根據以相同順序排列出現的基因對應去並列人類和小鼠的基因體裡的片段，通常可以在這兩個基因體裡幾乎的相同位置看到古老重複子。（圖5.2）

在某些物種裡，有些古老重複子或許已經消失，但是許多古老重複子仍然保留當初在哺乳動物共同的祖先的基因體裡插入的那個位置。當然有人會說，它們其實是造物主基於某種理由而擺在那裡的功能元素，而我們稱之爲「垃圾DNA」，這只是暴露我們當下的無知。的確，某些片段扮演著重要的調節角色。但是有些例子卻又讓該解釋完全站不住腳。轉位的過程經常損害到跳躍基因。人類和小鼠的基因體裡有許多古老重複子在著陸時被截短而完全失去作用。我們經常可以在人類和小鼠的基因體裡相似的位置上面辨識到斷頭而失去功能的古老重複子。

除非我們願意承認上帝故意把這些被斷頭的古老重複子擺在這些位置，好混淆和誤導我們，否則「人類和小鼠有共同的祖先」的結論是不可避免的。對於主張「所有物種都是自無中被造」的人們而言，這種最新發現的基因體資料是個勢不可擋的挑戰。

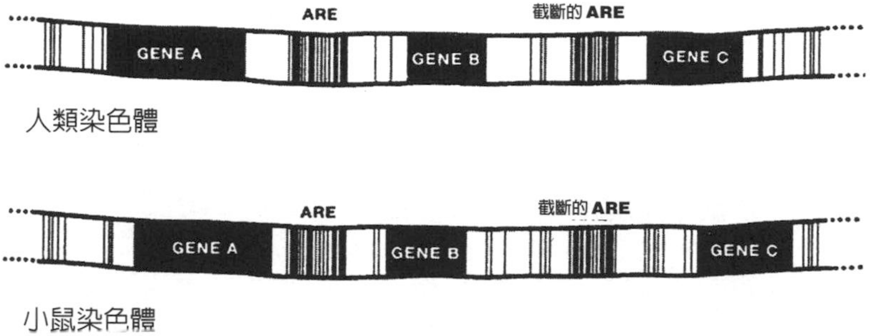

圖 5.2　人類和小鼠的染色體的基因順序經常相同，儘管基因之間的間隔略有不同。因此，如果你在人類的染色體發現基因 A 、 B 、 C，很可能在小鼠的染色體上面找到對應的 A 、 B 、 C 基因順序。再者，既然我們已經可知人類和小鼠的整個基因體序列，就有可能在基因的間隔裡找到許多「跳躍基因」的痕跡，它們是可以隨機插入基因體裡的轉位子，至今仍在低階運作。藉由 DNA 序列的分析可知，有些轉位子已經經歷多次突變而不同於原始的跳躍基因，因此非常古老；它們被稱為「古老重複子」。有趣的是，些古老元素經常在人類與小鼠的基因體裡類似的區域被發現（例如在人類和小鼠的 A 、 B 基因的間隔裡存在著一個「古老重複子」）。古老重複子在插入時被截掉一個鹼基對，因而失去部分 DNA 序列以及此後的功能（例如基因 B 、 C 之間），尤其是個有趣的例子。在人類和小鼠的基因體裡的相同位置上發現被截短的古老重複子，足以證明在人類與小鼠的共同祖先身上曾經發生過該插入。

藉由和我們的近親黑猩猩作比較，可以更加支持把人類置於生命樹裡的看法。黑猩猩的基因體序列已經揭露，它顯示人類和黑猩猩的DNA有百分之九十六是相同的。

對於人類和黑猩猩的染色體構造的研究也可以證明其近親關係。染色體是DNA的基因體的顯現，在細胞分裂時可以由光學顯微鏡觀察到。每對染色體都包含著數百個基因。圖5.3顯示人類和黑猩猩的染色體比較。人類有二十三對染色體，但是黑猩猩有二十四對。

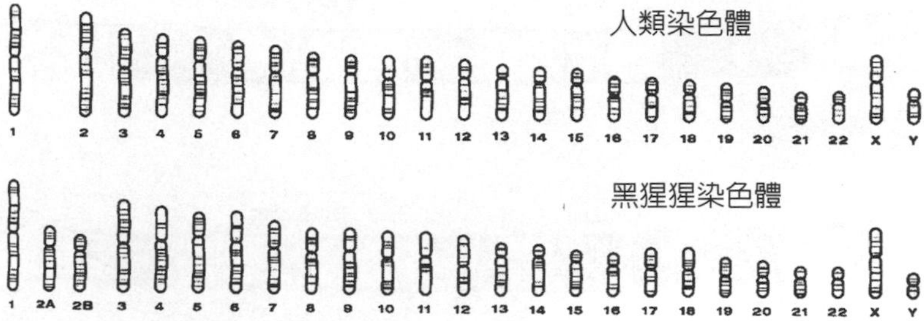

圖5.3 人類或黑猩猩的染色體，或「核型」（karyotypes）分析。注意它們在大小和數目的相似性，除了一點顯著的例外：人類第二對染色體似乎是由兩條中型的黑猩猩染色體以頭對頭的方式聚合而成的（標示為2A和2B）。

染色體數目的差異顯然是兩對古老的染色體融合而成變成人類第二對染色體。大猩猩和紅毛猩猩的研究更加暗示人類必定是個融合；它們都有二十四對染色體，比較接近黑猩猩。

最近，隨著整個人類基因體的測定完成，我們終於可以準確找到所謂染色體融合的發生位置。該位置的序列（在第二對染色體的長臂）的確很壯觀。我們不談技術細節，簡單說，在所有靈長類動物的染色體末端都有很特別的序列。那些序列不會出現在別的地方。但是它們就在演化會預測的地方被找到，在我們融合而成的第二對染色體中間。我們在由猴子演化成人類時的融合，就在此處留下其DNA的印記。如果不假設有共同的祖先，我們很難去理解這個觀察。

黑猩猩和人類有共同祖先的另一個論證，是來自對於所謂「假基因」的奇怪觀察。那些基因具有DNA

的一切功能指令，但是有若干故障，而把它們的文字轉譯爲胡言亂語。我們在比較黑猩猩和人類時，有些基因在一個物種裡顯然有功能，而在另一物種裡則沒有，因爲它們經歷了有損害的突變。例如，人類的caspase-12基因就曾經挨了幾記重拳，儘管它在黑猩猩的相關位置上面也被找到。黑猩猩的caspase-12基因功能正常，就像其他哺乳動物一樣，例如小鼠。如果人類源自一個獨特的超自然創造行動，上帝爲什麼要大費周章地把失去功能的基因剛好插到該位置上面？

我們現在可以開始解釋我們和近親一小部分機械性差異的起源，而有些差異或許對於人類非常重要。例如，下顎肌蛋白質的一個基因（MYH16）顯示曾經在人類裡面突變爲假基因。它對於其他靈長類動物的的發展和力量始終扮演關鍵的角色。我們可以想像這個基因的失去作用如何導致人類下顎肌數量的減少。大部分猩猩的下顎比我們人類更大更強壯。人類和猩猩的頭骨必須負責支撐這些下顎肌。弔詭的是，下顎變弱可能讓我們的頭骨得以向上擴大而容納更大的腦。當然這顯然是猜測，我們需要其他的基因變化去解釋大得多的大腦皮質，它是人類和黑猩猩的主要差異。

另舉一例，最近大家對於FOXP2基因很感興趣，因爲它在語言發展上扮演重要的角色。FOXP2的故事始自英格蘭的一個單親家庭，他們一家三代都有嚴重的語言障礙。他們很難根據語法規則去排列語詞，也無法理解複雜的語句結構，更沒有辦法使用嘴部、臉部和喉頭的肌肉去發出某些聲音。

經過鍥而不捨的基因追蹤，患病的家族成員被發現在第七對染色體的FOXP2基因裡有一個密碼子拼錯了。一個拼錯一點點的基因就可以導致如此嚴重的語言缺陷，卻沒有其他什麼明顯的影響，確實是很讓人驚訝。

但是我們的驚訝不只如此，我們發現在幾乎所有哺乳動物裡，這個FOXP2基因一直非常的穩定。然而人類是一個最戲劇性的例外，在基因編碼區裡發生兩個重要的變化，顯然是在十萬年前的事。由這些資料得到一個假設：FOXP2的變化可能有助於人類的語言發展。

至此，無神論的唯物論者或許心下竊喜。如果人類完全是由突變和天擇演化出來的，那麼誰還需要上帝來解釋我們的起源？我的回答是：我需要。人類和黑猩猩的序列比較儘管很有意思，卻無法告訴我們作爲一個人的意義是什麼。在我看來，即使DNA序列對於生物功能的了解是個重要的寶藏，但是仍然不足以解釋人類的某些特性，例如道德律的知識和普世對於上帝的追尋。替上帝免除特殊的造物行動的重擔，並沒有否定祂是人類的特殊性以及宇宙本身的來源。那只是對我們證明祂是如何做工的。

演化：理論或事實

關於基因研究的例子可以寫上好幾百本書，它從分子生物學的角度去支持幾乎所有生物學家都深信不疑的演化理論，證明達爾文關於變異和天擇的架構完全正確。其實，對於像我一樣研究遺傳學的人們而言，如果沒有達爾文理論作爲基礎，就無法想像如何從基因體研究的大量資料裡發現任何關聯性。誠如二十世紀的生物學巨擘多布贊斯基（T. Dobzhansky）③（他是虔誠的東正教徒）所說的：「除非以演化的觀點去看，否則生物學全無意義。」④

然而，在過去一百五十年裡，演化顯然曾經讓宗教團體如坐針氈，而他們的抗拒也沒有緩和的跡象。但是深思熟慮的信徒會謹慎去檢視那支持所有生物（包括我們自己）的親緣性的科學證據的驚人力量。在證據如此充足的情況下，我們很疑惑爲什麼它在美國的大眾接受度始終未見提昇。或許部分是因此對於「理論」一詞的誤解。批評者喜歡指出，演化「只是個理論」，科學家們習慣不同的「理論」定義，所以才會產生困擾。我的《芬克與瓦格納辭典》（*Funk & Wagnalls*）給「理論」下了兩個定義：一、對於某物的猜測性或臆想性的觀點；二、科學、藝術等等的基礎原理：音樂理論、方程論。

科學家在談到演化理論時，是用第二種定義，正如他們提到的萬有引力理論或是微生物病原理論。在這個脈絡下，「理論」一詞並不是被用來表示不確定性；科學家會用「假設」去表示不確定性。但是在日常用語裡，「理論」的用法沒有那麼正式，例如《芬克與瓦格納辭典》的詞條一：「我認爲比爾愛上瑪莉。」（I have a *theory* that Bill has a crush on Mary.）或是：「琳達認爲是管家幹的。」（Linda's *theory* is that the butler did it.）很可惜在英語裡沒有很明確的細分，而當科學和信仰在爭辯生物的親緣性時，語詞的混淆讓情況雪上加霜。

那麼，如果演化是眞的，上帝還有任何地位嗎？亞瑟·皮卡克（Arthur Peacocke, 1924-2006）是英國著名的分子生物學家，後來成爲聖公會牧師，並且大量寫作探討生物學和信仰的共通問題。他最近出版一本書叫作《演化：信仰的假面朋友？》（*Evolution: The Disguised Friend of Faith?*），這個有趣的書名暗示著可能的和解，然而那是水火不容的世界觀的強迫婚姻嗎？或者，關於上帝的合理性的論證以及關於宇宙和地球生物的起源的科學資訊，兩者可能有愉快和諧的綜合嗎？

①R. Cook-Deegan, *The Gene Wars* (New York: Norton, 1994.

②J. E. Bishop and Waldholz, *Genome* (New York: Simon & Schuster, 1990); K. Davies, *Cracking the Genome* (New York: Free Press, 2001); J. Sulston and G. Ferry, *The Common Thread* (Washington: Joseph Henry Press, 2002); I. Wickelgren, *The Gene Masters* (New York: Times Books, 2002); J. Shreeve, *The Genome War* (New York: Knopf, 2004.

③譯注：多布贊斯基（Theodosius Dobzhansky, 1900-1975），烏克蘭生物學家和遺傳學家。

④T. Dobzhansky, "Nothing in Biology Makes Sense Except in the Light of Evolution," *American Biology Teacher* 35 (1973): 125-29.

第三部

信仰神或信仰科學？

第六章

創世記、伽利略和達爾文

華盛頓特區到處都是聰明、野心勃勃而有趣的人們。那裡有各種宗教信仰，也有相當比例的無神論者和不可知論者。特區外有一間頗負盛名的新教教會邀請我在他們的年會晚宴上致詞，我欣然接受。那是讓人非常歡欣鼓舞的一個夜晚，卓越的管理階層、教師和藍領階級很輕鬆地齊聚一堂，認真談論他們的信仰，對於科學和信任為什麼會有衝突以及如何相輔相成，提出鞭辟入裡的問題。我們談了整整一個小時，大廳裡氣氛很融洽。有個教友問主任牧師他是否相信〈創世記〉第一章是就字面意義的、按部就班的、逐日的描寫地球和人類的起源。突然間，牧師眉頭皺了起來，嘴唇緊閉。和諧的氣氛躲到牆角去了。牧師很謹慎地回應，就像是巧言令色的政客，想盡辦法迴避問題。大夥看到衝突消弭了，才鬆一口氣，而魔咒已經被打破了。

幾個月後，我在全美基督教醫師的聚會裡致詞，談到我因為同時身為研究基因體的科學家以及基督的信徒而感到無比的歡喜。現場洋溢著溫暖的微笑，甚至時而有「阿門」的聲音。但是接著我提到演化的科學證據如何顛撲不破，而我也認為演化或許是上帝用來創造人類的優雅計畫。那溫暖頓時消失殆盡。若干與會者甚至很失望地搖頭走了出去。

到底怎麼回事？在一個生物學家看來，支持演化的證據非常充足。達爾文的天擇理論為理解所有生物的親緣性提供了基本的架構。而演化的預測也遠超過一百五十年前的達爾文在提出其理論時所能想像的，尤其是在基因體學的領域。

如果科學證據如此壓倒性地支持演化理論，那麼我們如何解釋爲什麼大眾無法接受它的結論？在二〇〇四年，著名的蓋洛普機構對美國人抽樣調查時提出以下的問題：「你認爲(1)查爾斯・達爾文的演化論是有充分的證據支持的科學理論；或是(2)只是沒有充足證據的許多理論之一；或是(3)你所知不多而不予置評？」只有三分之一的人認爲演化論是有充足證據的，其他認爲沒有充分證據或是不予置評者則各占一半。

當明確問到人類起源的問題時，有更多比例的人們似乎拒絕演化的結論。問卷調查的問題是：「以下何者最接近你對於人類起源和發展的看法？(1)人類是幾百萬年前由低等生物發展出來的，但是上帝引導該歷程。(2)人類是幾百萬年前由低等生物發展出來的，但是上帝不曾參與該歷程。(3)上帝在約莫一萬年前一次把人類創造成現在的形式。」

在二〇〇四年，有百分之四十五的美國人選(3)，百分之三十八選(1)，百分之十三選(2)。這些統計數字在過去二十年裡大致沒有什麼改變。

大眾拒絕接受達爾文理論的理由

演化理論無疑是和直覺牴觸的。幾個世紀以來，人類仔細觀察他們周遭的自然世界。

無論是哪個教派的信徒，大部分的觀察者都必須假設有個設計者，才能夠解釋生物的複雜性和多樣性。

達爾文的觀念很有革命性，因爲它提出完全出乎意料的結論。人們在日常經驗裡是看不到新物種的演化的。儘管某些無生物也有其複雜性（例如雪花），但是生命形式的複雜性卻是觀察得到的無生物世界難望其項背的。培里的在荒野裡發現一只手錶的譬喻（我們任何人都會因此推論出某個鐘表匠的存在）既反映十七世紀許多讀者的心聲，也和二十世紀許多人的想法一致。生命似乎是經過設計的，因此必定有個設計者。

人們無法接受演化理論的主要問題在於該歷程實在太漫長了。那種時間長度不是個人經驗所能想像的。有個方法可以把亙古的歷史化約爲可以想像的形式，也就是把地球從誕生到現在的四十五億年壓縮爲一天的二十四小時。如果地球是在凌晨一二：〇一形成的，那麼生命約莫是在清晨三：三十出現。經過漫長的白天，慢慢發展到多細胞生物體，寒武紀大爆發終於在晚上九：〇〇發生。到了深夜，恐龍則在地球上漫步。他們在晚上十一：四〇左右絕跡，當時哺乳動物正要擴展版圖。

因爲支系的趨異而產生黑猩猩和人類，就在那天剩下的一分十七秒裡發生，而解剖學上的現代人類則出現在最後三秒裡。而中世紀人類直到最後的千分之一秒裡才出現。難怪很多人沒辦法去思考演化的時間。

再者，讓大眾（尤其是美國人）無法接受演化論的主要阻力，無疑是因爲他們認爲它的主張和超自然設計者的角色有衝突。如果眞是如此，那麼對所有信仰者都是很嚴重的事。如果你和我一樣都服從於道德律以及對於上帝的普遍渴望，如果你感覺到我們心裡有一根耀眼的路標，指向慈愛的臨在，那麼自然會抵抗任何要砍到那路標的力量。但是在升高到抵抗入侵力量的全面性戰爭前，我們最好確定不要射到中立的觀察者，甚至是我們的盟軍。

當然，許多信仰者的問題在於，演化論的結論似乎牴觸了描寫上帝在創造宇宙、地球、生物和我們人類時的角色的經文。例如在伊斯蘭教的《古蘭經》裡說生命是分階段發展出來的，但是人類卻是一次特別的創造行動的產物，「用黑色的成形的黏土」（15:26）。在猶太教和基督宗教裡，〈創世記〉第一、二章的偉大創世故事是許多信徒的堅固磐石。

〈創世記〉在說什麼？

如果你最近沒有讀到這段《聖經》解釋，那麼找一本《聖經》來從〈創世記〉一：一讀到二：七。如果想要了解經文的意義，除了讀經別無他法。如果你擔心《聖經》的字句經過幾世紀的傳抄而被嚴重污損，那麼你就多慮了；希伯來文聖經的權威性證據其實很強。

該段經文無疑是對於上帝創世行動的故事雄渾壯闊而且詩意的描繪。「起初上帝創造天地」蘊含著上帝始終存在著。這段話當然和大爆炸的科學知識相容。〈創世記〉第一章的其他段落則描寫一連串的創造行動，從頭一日的「上帝說要有光」，到第二日的水和天空，到第三日的青草、菜蔬、樹木和陸地，第四日的太陽、月亮和眾星，第五日的大魚和雀鳥，第六日的牲畜、昆蟲、野獸和男女人類。

〈創世記〉第二章從上帝在第七日安息開始講起。接著再次提到創造人類的故事，這次則明白指涉到亞當。第二次的描述和第一次不盡相符；在第一章裡，植物是先於人類在第三日被造，但是在第二章裡，上帝是用地上的塵土造人，當時還沒有草木菜蔬出現。有趣的是，在〈創世記〉二：七裡，我們譯爲「活人」以稱呼亞當的希伯來語詞，先前在〈創世記〉一：二〇和一：二四裡卻是用來指大魚、雀鳥（有生命的動物）和野獸（活物）。

我們如何解釋這些描述呢？作者是就字面的意思去描寫依照年代順序的各個步驟，包括一天裡的二十四小時嗎（但是太陽到第三日才被造，那麼在那以前的一天有多長呢）？

如果作者的確是要就字義去描繪它，那麼爲什麼有兩段兜不攏的故事呢？那是詩性的甚或譬喻的故事嗎？或者是就字義去解釋的眞實歷史？

這些問題已經吵了好幾個世紀。自達爾文以降，非字義的詮釋在某些圈子裡頗啓人疑竇，因爲他們被指控「屈服於」演化理論，或許因而扭曲了《聖經》的眞理。因此我們得探索在達爾文粉墨登場以前，甚至在地球年齡的地質學證據紛紛出爐以前，那些博學的神學家們如何詮釋〈創世記〉第一、二章。

就此而言，聖奧斯定的作品特別重要，他是西元四百年左右的卓越神學家，歸信的懷疑論者。奧斯定對於〈創世紀〉前兩章特別著迷，對於該經文寫過至少五部聖經釋義。儘管那些作品是一千六百年前寫成的，但是他的思想至今仍然很有啓發性。讀過這些精闢的分析思考以後，尤其是《創世記的直譯意義》、《懺悔錄》和《天主之城》，我們發現奧斯定提出的問題顯然比解答要來得多。他不斷回到「時間」的意義的問題，並推論說上帝是外在於時間且不受其限制的。（〈彼得後書〉三：八說得很明白：「主看一日如千年，千年如一日。」）這又讓奧斯定問到《聖經》裡創世的七日的時間長度。

在〈創世記〉第一章裡，希伯來文的「日」（yôm）既可以表示一天二十四小時，也可以用來描寫象徵性的想像。在《聖經》裡有多處以非字義的用法提到「日」，例如「耶和華的日子」，正如我們會說「在我爺爺的日子裡」，但不意味著他只活了二十四小時。

最後，奧斯定說：「這些日子究竟如何，不易想通，何況要說出呢？」①他承認關於〈創世記〉可能有許多有效的詮釋：「心裡想著這些事實，我盡我所能地以各種方式去理解和闡釋〈創世記〉裡的句子；而在詮釋那些爲了刺激我們的思想而寫得很含混的語詞時，我並不貿然採取某個立場而去批駁其他可能更好的對立詮釋。」②

關於〈創世記〉第一、二章的意義，各種詮釋日漸分歧。有些人堅持完全就字義去詮釋，尤其是基督教的福音派教會，包括一天就是二十四小時。大主教厄舍爾（Ussher）更是根據《舊約》其後的人類祖譜推算主張說上帝在西元前四千年創造天地。其他同樣虔誠的信友並不認爲創世裡的「一日」必須是二十四小時，儘管他們也相信關於上帝創世的行動的敘事是忠實且依序陳述的。更有些信友認爲〈創世記〉第一、二章的語言只是要對摩西時代的讀者訓諭關於上帝的性格，而不是要教導他們什麼科學事實的細節，因爲那只會讓當時的人們完全摸不著頭腦。

儘管爭辯了二十五個世紀，我們可以說，沒有人知道〈創世記〉第一、二章眞正要說的是什麼。我們必須繼續探索！但是如果認爲科學的啓示是探索歷程的敵人，那就大錯特錯了。如果上帝創造宇宙以及那些支配宇宙的法則，如果祂賦與人類辨識其作用的智能，祂會要我們忽視這些能力嗎？我們去探索祂的創造會損害或威脅到祂嗎？

伽利略的啟示

看到某些教派和某些口無遮攔的科學家最近的針鋒相對，有歷史意識的觀察者或許會問：「我們以前不是看過這場電影了嗎？」《聖經》詮釋和科學觀察的衝突早已經不是新鮮事了。十七世紀基督教教會和天文學的戰爭尤其是給與現在的演化論戰一個很好的教訓。

伽利略（Galileo Galilei）於一五六四年在義大利出生，是個出色的科學家和數學家。伽利略不想只是對別人的數據做數學分析，或是遵循亞里斯多德的傳統理論而沒有實驗的驗證，於是投身到實驗的測定並且以數學去解析它們。在一六〇八年，他聽到在荷蘭有人發明望遠鏡，靈機一動，也動手設計了自己的工具，很快地就得到許多相當有價值的天文觀察結果。他觀察到有四顆衛星繞行木星。我們現在或許覺得這個簡單的觀察很理所當然，在當時卻是對於托勒密的系統提出很重要的質疑，該系統主張所有天體都繞行地球。伽利略還觀察到太陽黑子，而可能挑戰到「所有天體的創造都是完美的」的觀念。

伽利略得到結論說，唯有地球繞行太陽，才有辦法解釋他的觀察。於是他和天主教教會正式對立。

儘管許多關於教會對伽利略的迫害的傳說都誇大不實，但是許多神學家們對他的結論的恐慌則是殆無疑問的。但是那不完全是因爲神學的辯論。其實，許多耶穌會的神學家都接受他的觀察，反而是那些和他打對台的科學家們憤憤不平，而敦促教會干預。道明會的神父卡契尼（Caccini）答應其要求。他在針對伽利略的講道時說「幾何學是屬於惡魔的」，「數學家是所有異端的始作俑者而應該被絕罰」。③

其他天主教司鐸則說，伽利略的結論不只是異端，更是無神論的。也有人抨擊說，「他的假發現敗壞了整個基督宗教的救恩計畫」，「它質疑了道成肉身的教義」。雖然大部分的批評都出自天主教教會，但是批評者卻不僅限於他們。喀爾文和馬丁路德也都反對。

現在的觀察者在回顧歷史時會懷疑爲什麼教會覺得太陽中心說會威脅到他們。的確，《聖經》的某些段落似乎支持教會的立場，例如〈詩篇〉九三：一說：「世界就堅定，不得動搖。」〈詩篇〉一〇四：五：「將地立在根基上，使地永不動搖。」〈傳道書〉一：五也說：「日頭出來，日頭落下，急歸所出之地。」現在很少信友會認爲這些篇章是要傳授科學知識。但是狂熱者甚至暗示說太陽中心的系統終究會破壞基督宗教的信仰。

儘管伽利略得罪了教會當局，但是他仍然倖免於難，只是被警告不得教授或辯護其觀點。新的教宗對伽利略比較友善，甚至默許他著書立說，只要他能夠提出平衡的觀點。伽利略的鉅著《關於兩大世界體系的對話》闡釋地球中心說和太陽中心說的擁護者的精采對話，而由中立但是很關心該問題的門外漢主持。敘事的架構騙不了誰。伽利略對於太陽中心說的偏好在書末招然若揭，雖然它通過天主教的審查，卻引起軒然大波。

伽利略在一六三三年接受羅馬教庭的宗教審判，被迫「宣誓放棄、詛咒且厭棄」自己的作品。他終身被軟禁在家裡，他的著作也遭禁。直到一九九二年，在審判的三百五十九年後，才由教宗若望保祿二世為他平反昭雪並道歉：「伽利略在他的科學研究裡感覺到造物主的臨在，祂震撼了他深處的靈，激發、預示且扶持他的直覺。」④

於是，在這個例子裡，儘管神學強烈反彈，太陽中心說的科學正確性仍然得到最終的勝利。現在，或許除了若干原始信仰，所有信仰似乎都對該結論習以為常了。主張太陽中心說牴觸《聖經》者，現在被認為是杞人憂天，而堅持那些《聖經》段落必須就字義去詮釋者，似乎也完全站不住腳。

那麼，信仰和演化論最近的衝突有可能得到相同的和諧結果嗎？就積極面去看，伽利略事件證明有爭議的篇章最終可以依據顛撲不破的科學證據去解決。但是如此一來，就會造成嚴重的傷害，而信仰傷得比科學重。奧斯定在關於〈創世記〉的釋義裡提出一個忠告，直到十七世紀的教會都信守奉行：

即使是非基督徒，經常也都知道大地、天空和世界的其他元素，天體的運動和軌道，甚至它們的大小和相對位置，太陽和月亮可預測的橢圓軌跡，歲月和季節的周期循環，動物、灌木、石頭的種類，而他基於理性和經驗去確定該知識。

但是，讓一個異教徒聽到一個基督徒就《聖經》的意義對於那些主題的胡言亂語，是既褻瀆又危險的事；我們應該設法避免這種尷尬的場面，那會讓群眾嚴重誤會一個基督徒並且嘲笑他。

一個無知的人被嘲笑並不丟臉，教人汗顏的是讓異教徒以為我們的《聖經》作者真的這麼想，並且批評《聖經》的作者沒有學問，枉費我們為了拯救他們而辛勞。如果他們在自己熟悉的領域裡找到一個基督徒的錯誤，並且聽到他關於《聖經》的愚昧意見，當他們認為《聖經》裡關於他們自經驗和理性之光習得的事實的說法盡皆是謬誤，他們怎麼會相信《聖經》，相信死者復活、永生的希望、天國呢？⑤

然而不幸的是，在許多方面，演化和信仰的論戰終究比地球是否繞行太陽的論證要困難得多。畢竟，演化的論戰直指信仰和科學的核心。他們不是在談論岩石嶙峋的天體，而是在談我們自己以及和一個造物主的關係。或許這個主題的核心性也說明了以下的事實：儘管現代資訊的進步和普及速度如此之快，在達爾文出版《物種起源》的一百五十年後，我們仍然無法解決大眾關於演化的論戰。

伽利略始終是個忠實的信徒。他堅信科學的探索不僅是一個信徒的合理行爲，更是高貴的事業。他有一句很著名的話，可以作爲現在的科學家和信徒的座右銘：「我沒有理由相信，一個賦與我們感官、理性和知性的上帝，會要我們放棄使用它們。」⑥

我們把這個忠告謹記在心，開始去探討關於演化論和上帝信仰的論爭的可能回應。我們每個人都可能得到某個結論，並且選擇其中一個立場。當談到生命的意義時，觀望並不是科學家或信徒應有的態度。

---

①Saint Augustine, *The City of God XI*, 6.（中譯：《天主之城》，台灣商務印書館。）

②Saint Augustine, *The Literal Meaning of Genesis* 20:40.

③A. D. White, *A History of the Warfare of Science with Theology in Christendom* (New York, 1898)。見 www.santafe.edu/-shalizi/White。

④見 http://en.wikipedia.org/wiki/Galileo_Galilei。

⑤Augustine, *Genesis* 19:39.

⑥伽利略致女公爵克里斯汀娜的信（1615）。

第七章

選項一：無神論和不可知論——當科學戰勝信仰

我在大一的時候，也就是一九六八年，發生了許多動亂的大事。蘇聯坦克開進捷克；越戰隨著春節攻擊而戰事升高；羅勃・甘迺迪和馬丁・路德・金恩遇刺。但是到了那年年終，另一個正面的事件振奮了世界：阿波羅八號的升空。那是載人太空船首次飛行月球軌道。法蘭克・波爾曼（Frank Borman）、詹姆士・洛威爾（James Lovell）和威廉・安德斯（William Anders）在十二月裡飛行太空三天，整個世界屏息以觀。接著他們開始繞行月球且拍照，那是人類第一次拍攝到地球從月球表面上升的照片，讓我們想到，由浩瀚無垠的太空去看，我們的星球是如此的渺小和脆弱。在耶誕夜，那三位太空人在他們的太空艙裡由現場電視轉播傳送訊號。在談到他們的經驗以及月球表面的荒涼之後，他們一起對著世界誦讀〈創世紀〉第一章前十節。當時的我正從不可知論漸漸轉向無神論，仍然記得那種莫名的敬畏，當那永難忘懷的話語「起初上帝創造天地」從二十四萬英里外的太空傳到耳際，朗讀者是科學家和工程師，但是對於他們而言，那些話語顯然有著沛然莫可禦的意義。

不久以後，著名的美國無神論者瑪德琳・歐海爾（Madalyn Murray O'Hair）控告美國太空總署批准他們在耶誕夜朗讀《聖經》。她主張說，美國太空人是聯邦雇員，因此不得在太空中公開禱告。雖然法庭最後不受理她的控告，美國太空總署在其後的飛行裡卻也不敢再碰觸信仰的問題。於是，阿波羅十一號的巴茲・艾德林（Buzz Aldrin）於一九六九年人類第一次登陸月球時在月球表面領聖體，但是該事件從未被公開報導。

一個好戰的無神論者爲了一個在耶誕夜繞行月球的太空人朗讀《聖經》而提出告訴：這眞是現代信仰者和不信者漸漸擴大的仇恨的寫照啊！當山謬・摩斯（Samuel Morse）在一八四四年的第一則電報上寫說「上帝爲他行了何等的大事」（民23:23）時，並沒有任何人反對。然而到了二十一世紀，科學和信仰雙方陣營裡的極端主義者都堅持要對方閉嘴。

自無神論的擁護者歐海爾以後的數十年來，無神論有了些改變。現在，爲無神論打前鋒的，不再是如歐海爾之輩的俗世行動主義者，而是演化論者。在若干傳聲筒當中，道金斯（R. Dawkins）和丹尼特（D. Dennett）是辯才無礙的學院派，他們殫精竭慮地解釋且擴充達爾文主義，宣稱要接受生物學的演化論就得先接受神學上的無神論。他們及其無神論團體的同儕以卓越的行銷手法，試圖以「聰明」（bright）一詞取代「無神論者」（atheist）。（它蘊含著一個推論，亦即信徒都是「頭腦遲鈍的」〔dim〕，或許因爲如此，該語詞才沒有流行起來。）當然，他們毫不掩飾對於信仰的憎惡。我們怎麼會落到這種地步呢？

無神論

有人把無神論區分為「弱無神論」和「強無神論」。弱無神論是指不相信上帝或諸神的存在。強無神論則是堅稱這些神不存在。在日常談話裡的無神論大概是指強無神論，因此我會探討一下他們的觀點。

我曾說過，追尋上帝是所有人類的共同屬性，那是跨越地理區域，貫穿整個人類歷史的。聖奧斯定在其著名的《懺悔錄》（基本上是歐洲最早的自傳）的第一節裡就談到那個渴望：「但這人，受造物中渺小的一份子，願意讚頌你。你鼓動他樂於讚頌你，因為你造我們是為了你，我們的心如不安息在你懷中，便不會安寧。」①

如果普世對於上帝的追尋是如此迫切，我們如何解釋那些否認祂的存在的不安心靈呢？他們有什麼根據，才敢如此自信地做此宣稱？這些觀點的歷史起源為何？

直到十八世紀啓蒙運動和唯物論的興起，無神論在歷史裡才開始扮演重要的角色。然而開啓無神論大門的，並不只是自然律的發現，牛頓是個虔誠的信徒，他寫作出版的聖經釋義比他的數學和物理學作品要來得多。有個更強大的力量促成十八世紀的無神論崛起，那就是反抗政府和教會的高壓權威，尤其是在法國大革命裡所體現的。法國王室和教會當局都被認爲是殘酷、自私、僞善的，對於百姓疾苦無動於衷。革命黨把教會和上帝本身劃上等號，認爲最好一起剷除掉。

佛洛伊德的著作也替無神論煽風點火，他主張說，信仰上帝只是願望的滿足。但是過去一百五十年來對於無神論最有力的支持，則當屬達爾文的演化理論。演化論瓦解了有神論者最強的利器，即「設計論證」，於是無神論拿它當作對抗任何信仰的武器。

當代最傑出的演化生物學家愛德華・威爾森（Edward O. Wilson）即爲一例。他在其著作《人性論》（*On Human Nature*）裡趾高氣昂地主張演化論已經戰勝任何的超自然主義：「科學自然主義最終的決定性優勢在於它能夠把它的主要對手，亦即傳統宗教，完全解釋成物質現象。神學如果變成獨立的知識學門，就不太可能存續。」[2]諸如此類的非常激烈言論。

道金斯的言論則更加激烈。他著有一堆作品，從《自私的基因》（*The Selfish Gene*）到《盲眼鐘錶匠》（*The Blind Watchmaker*）、《攀越不可能的山巔》（*Climbing Mount Improbable*），以及《惡魔的隨軍牧師》（*A Devil's Chaplain*），以華麗的類比和修辭爲輪廓，極力炫耀變異和天擇的結論。道金斯以達爾文主義爲基礎，以非常挑釁的姿態把他的結論延伸到宗教：「現在很流行在愛滋病毒、『狂牛症』和其他疾病對於人類的威脅上面塗一層末日將臨的蠟油，但是我敢說，宗教是世界罪惡的淵藪，和天花病差堪比擬，但是其散播更加兇狠。」③

分子生物學家暨神學家阿利斯特．麥葛福（Alister McGrath）在近作《道金斯的上帝》（*Dawkins' God*）裡討論那些宗教結論，並且指出其邏輯謬誤。道金斯的論證有三種主要的香料。首先，他辯稱演化可以完全解釋生物的複雜性以及人類的起源，因此不再需要上帝了。儘管該論證免除了上帝每次都得個別創造地球上的各個物種的責任，卻無法否證上帝以演化爲工具去執行其造物計畫。因此，道金斯論證與聖奧斯定或是我所敬拜的上帝無關。但是道金斯是個很喜歡以「稻草人論證」④去攻擊對手的行家。其實我們很難不如此推論，他不斷地對於信仰的指鹿爲馬，只是更加顯露尖酸刻薄的個人立場，而不是以道金斯在科學領域裡奉爲圭臬的理性論證爲基礎。

如道金斯之輩的演化論的無神論所提出的第二個攻詰還是一個稻草人論證：宗教是反理性的。他所採用的宗教定義似乎是馬克吐溫（Mark Twain）筆下虛構的學童所下的。「信仰就是相信你明知道不是那麼一回事的東西。」⑤道金斯把信仰定義爲「盲目的信賴，即使是在缺乏證據的情況下，甚至是棄證據於不顧。」⑥那當然並不是描繪歷史上大部分認眞的信徒的信仰，我所認識的大部分人們的信仰也不是這樣的。儘管理性論證無法究竟證明上帝的存在，但是從聖奧斯定、聖多瑪士到魯益師，許多認眞的思想家都證明對上帝的信仰是極爲合理的。現在也一樣合理。道金斯所描繪的信仰的諷刺漫畫當然很容易攻擊，但那不是眞正的信仰。

道金斯的第三個攻詰是：以宗教爲名造成了許多的傷害。這是無法否認的事實，雖然信仰無疑地也曾經挹注許多偉大的慈善行動。但是以宗教爲名的惡行卻絕對無法攻擊信仰的眞理；它們反而是在駁斥人性本身，那眞理的純淨的水被灌注到人性這個生鏽的容器裡。

有趣的是，儘管道金斯辯稱基因及其存活的強烈驅力可以解釋所有生物的存在，但是他也說，我們人類最終可以反抗我們的基因的命令。「我們甚至可以討論如何刻意栽培且存養那純粹而無私的利他主義的各種方法──那是在自然界所沒有的東西，在整個世界的歷史裡也不曾出現過。」⑦

於是弔詭出現了：顯然道金斯是「道德律」的訂戶。那突然湧上來的善意是打哪裡來的？道金斯是否會懷疑「不信神」的演化賦與所有自然（包括我們自己）的「盲目而無憐憫心的冷漠」嗎？他要如何去評斷利他主義呢？

在道金斯的「科學必須是無神論」的主張裡，有個重要而無法避免的瑕疵，亦即它是無法證明的。如果上帝是在自然之外，那麼科學就既無法證明也無法否證其存在。無神論因此也必須被視爲盲目的信仰，因爲它採取了一個無法以純粹理性爲基礎去辯護的信念系統。關於這個論點最精彩的闡釋，或許是來自於一個很不可置信的人：古爾德，除了道金斯以外，他是上一個世代最負盛名的演化論的代言人。古爾德在一篇鮮少被提及的書評裡譴責道金斯的觀點：

我對所有同僚説了幾百萬次：科學根本無法以其合理的方法去裁決關於上帝是否主宰自然的爭論。我們無法肯定或否認它；作為科學家，我們根本無法置喙。如果我們當中有人貿然主張達爾文主義否證了上帝，那麼我會去找麥肯納利女士（McInerney）（古爾德的小學三年級老師）狠狠體罰他們一頓……科學只能處理自然界的解釋；它無法肯定或否定其他類型的領域（例如道德王國）的行為者（像是上帝）。我們暫時忘記哲學吧，數百年來頭腦簡單的江湖郎中已經夠多了。達爾文自己是個不可知論者（因為他最疼愛的女兒不幸去世而失去他的宗教信仰），但是偉大的美國植物學家亞薩·葛雷（Asa Gray）⑧儘管支持天擇理論且寫了一本題為《達爾文主義》（*Darwiniana*），卻是個虔誠的基督徒。再往後推五十年，發現了柏吉斯頁岩化石礦（Burgess Shale Fossils）的查理斯·渥爾科特（Charles D. Walcott）⑨既是個堅定的達爾文主義者，也是個忠實的基督徒，他相信上帝制定了天擇，好根據祂的計畫和旨意去指揮生物的歷史。其後五十年，當代兩位最偉大的演化論者：辛普森（G. G. Simpson）⑩是個人本主義的不可知論者，多布贊斯基則是虔誠的俄羅斯東正教徒。要不我半數的同僚都是大笨蛋，不然的話，達爾文的科學其實與傳統的宗教信仰是相容的——當然也和無神論相容。⑪

所以說，無神論者必須尋找其他根據去支持他們的立場。以演化論爲基礎是行不通的。

不可知論

「不可知論的」（agnostic）是著名的英國科學家赫胥黎於一八六九年所創的新詞，他也被稱爲「達爾文的鬥牛犬」。他曾經談及如何想到要發明這個詞：

當我知識成熟而開始自問是個無神論者、有神論者或汎神論者（pantheist），是唯物論者或唯心論者，是基督徒或是（宗教上的）自由思想家，發現我愈是博學深思，就愈遲疑不決；最後我的結論是，以上的稱呼都不適合我，除了最後一個。人們一致相信的東西正是我和他們的差別。他們堅信自己擁有某種「靈知」（gnosis）——它多多少少解決了存在的問題。但是我確定我沒有，也相信存在的問題是不可解的……因此我苦思且發明了一個合宜的語詞「不可知論的」。我的心裡隱然與教會歷史裡的「靈知教派」對立，他們宣稱知道許多我所不知道的東西。⑫

因此，一個不可知論者會說，我們根本無法得到關於上帝存在的知識。和無神論一樣，他們分爲強弱兩派，強不可知論者指出人類永遠不會知道，而弱不可知論者只是說「現在不行」。

強不可知論者和弱不可知論者的界線很模糊，由達爾文的一段軼事可見一斑。達爾文在一八八一年和兩個無神論者共進晚餐，他問他的客人們說：「你們爲什麼自稱是無神論者？」又說他比較喜歡赫胥黎的「不可知論者」一詞。其中一位來賓回答說：「不可知論者只是比較愛面子的無神論者，而無神論者也只是比較愛挑釁的不可知論者。」⑬

然而，大部分的不可知論者都不會如此挑釁，他們只是主張說，關於上帝存在的問題，不可能採取任何立場去贊成或反對，至少就現在而言。表面上，這個立場在邏輯上還說得過去（無神論則很難自圓其說）。它當然和演化論完全相容，而許多生物學家也會加入該陣營。但是不可知論者也有被譏爲規避問題之虞。

平心而論，只有在完全思考過支持和反對上帝存在的所有證據以後，我們才能主張不可知論。但是很少有不可知論者花工夫去探討。（若干著名學者曾經探討過，卻都歸信了上帝。）再者，儘管對於許多人而言，不可知論是一種很輕鬆的棄權方式，但是從知識的立場去看，卻是空洞而沒有價值的。

如果有個人說宇宙的年紀是不可知的，而不肯花時間去查證，我們會讚許他嗎？

結論

科學不能被用來貶抑世界上許多偉大的一神教，它們以許多世紀以來的歷史、道德哲學以及人類的利他精神爲基礎。如果科學那樣做的話，那是太過僭越了。但是我們也因而面對一個挑戰：如果上帝的存在爲眞（不只是因襲傳統，而是事實上爲眞）。如果關於自然世界的科學結論也爲眞（不只是趕流行，而是客觀上爲眞），那麼它們就不可能彼此矛盾。一個完全和諧的綜合命題必須是可能的。

然而環顧當前的世界，我們總覺得這兩種眞理版本不是在尋找和諧，而是彼此爭戰攻伐，在關於達爾文的演化論的論戰裡尤其顯著。在那裡，戰火最是猛烈，彼此的誤解也最深，對於我們的未來的影響也最大，也最迫切需要和諧相處。因此我們最好往下討論它。

---

①Saint Augustine, *Confessions* I.i.1.

②E. O. Wilson, *On Human Nature* (Cambridge: Harvard University Press, 1978), 192.

③R. Dawkins, "Is Science a Religion," *The Humanist* 57 (1997):26-29.

④譯注：稻草人論證，或稱稻草人謬誤（fallacy of the straw person），是指以另一個不相關的論證混充證明原來要主張的論證。

⑤S. Clements, *Following the Equator* (1897).

⑥R. Dawkins, *The Selfish Gene*, 2nd ed. (Oxford: Oxford University Press, 1989), 198.

⑦同前揭，第 200-201 頁。

⑧譯注：亞薩・葛雷（Asa Gray, 1810-1888），美國十九世紀最偉大的植物學家，其主要貢獻在於統一北美植物的分類學知識。

⑨譯注：渥爾科特（Charles D. Walcott, 1850-1927），美國專研無脊椎動物的古生物學家，於一九〇九年發現加拿大哥倫比亞省柏吉斯頁岩化石礦。

⑩譯注：辛普森（George Gaylord Simpson, 1902-1984），美國古生物學家，以研究絕種的哺乳動物聞名。

⑪S. J. Gould, "Impeaching a Self-Appointed Judge," *Scientific American* 267(1992):118-21.（關於 Phillip Johnson 的《*Darwin on Trial*》的書評。）

⑫T. H. Huxley, guoted in The Encyclopedia of Religion and Ethics, edited by James Hastings (1908).

⑬見 http://en.wikipedia.org/wiki/Charles_Darwin's_views_on_religion。

第八章

選項二：創造論——當信仰戰勝科學

很少有宗教或科學的觀點可以一言以蔽之。對某些觀點貼上誤導的標籤，總是會模糊了現代科學和信仰的爭辯。尤其是「創造論」的標籤，在上個世紀的科學與信仰的論戰裡扮演很重要的角色。就字面來看，「創造論」一詞似乎蘊含著主張一個創世的上帝存在的觀點。在如此寬鬆的定義下，許多自然神論者和幾乎所有的有神論者，包括我自己，都得自稱為創造論者。

年輕地球創造論

然而，在上個世紀裡，「創造論」被綁架（並且被剝削）去指稱一小撮信仰者，尤其是那些堅持以字義去詮釋〈創世記〉第一、二章，藉此解釋宇宙的創造和地球的形成。其中最極端的立場被稱為「年輕地球創造論」（Young Earth Creationism, YEC），他們把《聖經》裡的「六日創世」裡的「一日」依據字義解釋為二十四小時，並且推論說地球的年紀小於一萬年。年輕地球創造論也相信所有物種都是上帝個別創造出來的，亞當和夏娃是上帝在伊甸園裡以塵土創造出來的歷史人物，而不是源自其他生物。

年輕地球創造論者一般都相信「微觀演化」，也就是變異和天擇可以在某個物種裡產生微幅改變，但是他們不承認「宏觀演化」的概念，也就是讓某個物種演化為另一個物種的歷程。他們主張說，在化石紀錄裡發現的空白可以證明達爾文理論的謬誤。在一九六〇年代，《創世記的洪水》（*The Genesis Flood*）的出版，以及已故的亨利．莫瑞士（Henry Morris）設立的「創造論學會」（Institute for Creation Research）的成員的著作，具體推動了年輕地球創造論的浪潮。莫瑞士及其同儕主張說，各個地質層和化石層都是〈創世記〉第六章到第九章所說的全球大洪水在幾個禮拜裡造成的，而不是沉積了數百萬年。

從抽樣調查判斷，有百分之四十五的美國人主張年輕地球創造論。許多福音教派也支持該觀點。在基督教的書店裡可以看到許多圖書和影片，宣稱我們無法發現鳥類、烏龜、大象或鯨魚的中間型化石（它們卻在最近幾年裡紛紛出土），他們也主張說，熱力學第二定律排除了演化的可能性（顯然沒有），又說岩石和宇宙的放射性年代測定是錯的，因爲衰變率會隨著時間改變（其實並沒有）。我們甚至可以參觀創造論的博物館和主題公園，描繪人類和恐龍在嬉戲，因爲年輕地球創造論者不相信恐龍早在人類登場以前就已經絕跡。

年輕地球創造論者認爲演化是個謊言。他們假設說，在DNA研究裡看到的生物體的親緣性，只是因爲上帝在其個別的創造行動裡使用相同的觀念。不同物種之間的染色體裡類似的基因序列，或是「垃圾DNA」反覆出現在人類和小鼠的DNA上面的相同位置，面對諸如此類的事實，年輕地球創造論者只是說「那是上帝的計畫的一部分」就草草打發掉。

年輕地球創造論和現代科學是不相容的

總的來說，持這些觀點者都是眞誠的、善意的、敬畏上帝的，他們深感於自然主義正威脅著要把上帝趕出人類經驗的範圍。但是我們無法藉由一知半解的科學知識去調停年輕地球創造論的主張。如果那些主張實際上是眞的，那麼會導致物理學、化學、宇宙論、地質學和生物學無法挽回的完全瓦解。正如生物學教授佛克（D. Falk）在以福音教派的觀點寫成的《與科學和解》（*Coming to Peace with Science*）裡所指出的，年輕地球創造論的觀點就像是堅稱二加二不等於四。

熟悉科學證據的人們大概很難想像，年輕地球創造論居然那麼受歡迎，尤其是在知識和科技如此先進的美國。但是年輕地球創造論者最關心的仍然是他們的信仰，也非常擔心非字義聖經詮釋的趨勢，那會削減《聖經》教導人們敬畏上帝的力量。年輕地球創造論者認爲，如果接受除了〈創世記〉第一章所說的「六日創世」以外還有其他個殊的造物行動，會讓信徒不知不覺地偏向贗造的信仰。該論證是訴諸認眞的信徒強烈而可以理解的本能，他們相信自己的第一要務是對上帝忠實，而有人如此明目張膽地攻擊祂的位格，他們當然要全力防衛。

但是完全拘泥字義的詮釋是不必要的

然而，回頭聽聽聖奧斯定對於〈創世記〉第一、二章的詮釋，當時的他不必面對什麼演化或地球年齡的科學證據，我們發現，對於《聖經》謹慎、嚴謹而虔誠的解讀顯然不需要像年輕地球創造論那樣的拘泥於字義。其實，如此狹隘的詮釋主要是最近幾百年來的產物，肇因於對達爾文演化論的反彈。

而他們擔心人們自由隨興地詮釋《聖經》，也是可以理解的。畢竟，《聖經》有某些部分是對於歷史事件的見證，包括大部分的《新約聖經》。對於信徒而言，經文裡記錄的事件應該如作者所意欲地去看待，也就是視爲觀察事實的描述。但是《聖經》的其他部分，例如〈創世記〉的前幾章、〈約伯記〉、〈雅歌〉、〈詩篇〉，都比較有詩歌和譬喻的味道，一般而言，並沒有純粹歷史敘事的性質。對於聖奧斯定和歷史上大部分的詮釋者而言，在達爾文迫使信徒起而捍衛以前，〈創世記〉的前幾章比較有倫理劇的感覺，而不像是晚間新聞的目擊報導。

堅持《聖經》的每個字都要就字義去詮釋，還會遇到其他的困難。上帝公義的右手當然沒有眞的扶持以色列（〈以賽亞書〉41:10），上帝的本質當然不會那麼善忘，而需要先知偶爾提醒祂重要的事（〈出埃及記〉33:13）。《聖經》的目的是（現在也是）對人類啓示上帝的本質。上帝會想要在三千四百年前告訴祂的子民關於放射性衰變、地質層和DNA的知識嗎？

年輕地球創造論吸引了許多信徒，因爲他們認爲科學的進步威脅到上帝。但是祂眞的需要捍衛嗎？上帝不是宇宙法則的創造者嗎？祂不是最偉大的科學家、物理學家、生物學家嗎？更重要的是，他們要求祂的子民刻意忽略關於其創世行動的嚴謹科學結論，那是在顯揚祂或是讓祂蒙羞呢？對於一個慈愛的上帝的信仰，可以建立在關於自然的謊言上面嗎？

上帝是個大騙子？

對於自然世界的諸多觀察似乎和年輕地球創造論的立場有衝突，而有了莫瑞士及其同僚的推波助瀾，年輕地球創造論在上個世紀後半葉試圖提出不同的解釋。但是所謂的「科學創造論」的根基卻是千瘡百孔。他們知道科學證據難以撼動，最近甚至主張說，那些證據都是上帝設計來誤導我們的，好試探我們的信心。根據該論證，所有的放射性衰變的時鐘、化石以及基因序列，都是故意設計的，好讓宇宙看起來很古老，即使它其實是在不到一萬年前被創造出來的。

正如凱尼斯·米勒（Kenneth Miller）在《發現達爾文的上帝》（*Finding Darwin's God*）裡所指出的，如果那些主張爲眞，那麼上帝就是策劃了一個很大規模的陰謀。例如說，既然宇宙裡大部分觀察到的恆星和星系和我們都有一萬光年以上的距離，那麼年輕地球創造論就得說，是上帝讓所有光子「剛好」來到這裡，好讓我們可以觀察，即使它們完全是虛構的東西。

於是，上帝變成了宇宙的惡作劇鬼，那似乎是創造論的最終挫敗。如果上帝是個大騙子，那麼祂還値得我們敬拜嗎？這和我們從《聖經》、道德律和所有其他來源認識到的上帝（也就是慈愛、符合邏輯而且言行一致的上帝）相符嗎？

因此我們可以合理地說，年輕地球創造論已經瀕臨知識破產了，無論是其科學或神學，都已經窮途末路。它的負隅頑抗其實是我們的時代最大的難題和悲劇。它攻擊幾乎所有科學的基礎理論，因而加深了科學和信仰的世界觀彼此的嫌隙，剛好就在我們最渴望和解的時候。他們告訴年輕人說科學是危險的，科學的探索意味著要放棄宗教，如此一來，他們很可能剝奪了有天賦的年輕人研究科學的機會。

但是受傷最深的還不是科學。年輕地球創造論甚至損害了信仰，因爲它要求說，如果信仰上帝，就要同意它關於自然世界有嚴重瑕疵的主張。在堅持年輕地球創造論的家庭和教會裡成長的年輕人，遲早會遇到那些無法反駁的科學證據，證明宇宙要古老得多，而所有生物基於演化和天擇的歷程，也都有其親緣性。他們得面對如此難堪卻原本可以避免的抉擇！爲了固執於他們童年的信仰，他們必須放棄豐富而嚴謹的科學資料，形同知識自殺。而他們除了創造論別無選擇，難怪許多年輕人乾脆放棄信仰，認爲他們無法相信上帝會叫他們拒絕那如此迷人地解釋自然世界的科學。

訴諸理性

因此，在本章末了，我要向我所屬的福音教派誠摯地呼籲，該教派始終努力宣告上帝的愛和恩賜的福音。作爲信徒，你們的確應該堅守上帝作爲造物主的概念；你們也應該堅守《聖經》的眞理；你們也應該堅信科學無法對於人類存在的重要問題提出解答；你們也應該堅定拒絕無神論的唯物論的主張。但是你們的立場依附於一個有瑕疵的根基，是無法打贏這些戰爭的。如此下去，只會讓信仰的敵人（他們爲數眾多）在每一場戰役裡輕鬆獲勝。

十九世紀末、二十世紀初的保守派基督新教神學家班傑明・華費爾（Benjamin Warfield），他明白意識到，在社會和科學日新月異的時候，信徒更需要堅守其信仰的永恆眞理。但是他也知道要去讚許對於上帝所造的自然世界的各種探索。華費爾曾有以下一席著名的談話，或許是現在的教會應該信奉的：

因此，作為信徒，我們不能仇視理性的真理、哲學的真理、科學的真理、歷史的真理或是批判的真理。作為「光明的子女」，我們應該要歡迎每一道光。所以説，讓我們鼓起勇氣去探索白晝。我們應該比任何人都更加渴望，比任何人都更急於辨識每個領域裡的共同真理，更欣然接受它，更忠實地追尋它，無論其終點為何。①

①B. B. Warfield, *Selected Shorter Writings* (Phillipsburg: PRR Publishing, 1970), 463-65.

第九章

選項三：智慧設計——當科學需要神的幫助時

對於「智慧設計論」(intelligent Design theory, ID)而言,二〇〇五年是喧囂的一年。美國總統有條件地爲它背書,他說他認爲學校在討論演化論時應該把該觀點納入。當時賓州多佛市的教育委員會剛好因爲類似的政策被控告而變成喧騰一時的案子。媒體爭相報導。無論是《時代雜誌》和《新聞周刊》的封面故事、公共廣播電台的大量討論,甚至《紐約時報》的頭版,關於智慧設計論的論辯和混戰每個禮拜都不斷升高。我也和科學家以及編輯們討論該問題,甚至包括國會職員。那年秋天,在多佛市案判決原告勝訴以前,多佛市民投票把教育委員會裡支持智慧設計論者給予免職。

自一九二五年的「斯科普斯案」以降,美國不曾爲了演化及其宗教蘊含而如此激烈地爭辯。或許那是好事,公開的論辯總是比彼此暗箭傷人好一點。但是對於身爲虔誠信徒的嚴肅科學家而言,甚至對於智慧設計論的擁護者而言,顯然場面嚴重失控。

智慧設計論究竟是什麼?

智慧設計論在短短十五年間就躋身爲公共論述的主要引爆點。但是人們對於舞台上的新角色的基本主張仍然有許多混淆。

首先,光是「創造論」一詞就有很嚴重的語意困擾。有智慧的設計(intelligent design)

原本涵括了關於地球生命的出現以及上帝在該歷程裡的可能角色的各種詮釋。但是「智慧設計」卻帶有關於自然的特定結論，尤其是指「不可化約的複雜性」（irreducible complexity）的概念。不明白該歷史源流的觀察者或許會以為，信仰一個眷顧人類的上帝（也就是有神論），就是相信「智慧設計論」。但是在現在的術語的意義下，大部分的情況都非如此。

智慧設計論是在一九九一年粉墨登場的。其源頭可以溯自更早以前的科學論證，也就是指出生命的起源並沒有充分的統計學根據。但是智慧設計論主要不在著眼於第一個自我複製的生物體如何誕生，而是要指出演化論明顯的缺點，以解釋生命接下來的驚人複雜性。

智慧設計論的創設者是詹腓力（Phillip Johnson），他是一個基督徒律師，也在加州大學柏克萊分校執教，在其著作《審判達爾文》（*Darwin on Trial*）裡首度提出智慧設計論的立場。該論證由其他人繼續開展，尤其是生物學家麥克・貝希（Michael Behe），他在《達爾文的黑盒子》（*Darwin's Black Box*）裡闡釋不可化約的複雜性的概念。後來，專研「資訊理論」（information theory）的數學家威廉・鄧勃斯基（William Dembski）則成為智慧設計論的主要倡導者。

智慧設計論的出現正好呼應繫爭在美國學校裡教創造論的案件一連串的勝利，在那樣的時空背景下，批評者便很尖酸刻薄地把智慧設計論說成「暗渡陳倉的創造論」、「創造論2.0版」。但是這些語詞對於智慧設計論深思明辨的擁護者並不公平。作爲一個遺傳學家、生物學家和上帝的信徒，我認爲應該嚴肅地思考該運動。

智慧設計論運動大致上是奠基於以下三個命題：

■命題一：演化論助長了無神論的世界觀，因此上帝的信徒必須拒絕它。

智慧設計論的奠立者詹腓力並不很想從科學去了解生命（他從不自稱是科學家），只是覺得爲了捍衛上帝而對抗那日漸盛行的唯物論世界觀是他個人的使命。他的憂慮得到宗教團體的共鳴，某些演化論者趾高氣昂的語調讓他們覺得無論如何都得在科學上分庭抗禮。（就此而論，智慧設計論可以很弔詭地說是道金斯和丹尼特的孽子。）

詹腓力在《眞理的楔子》（*The Wedge of Truth: Splitting the Foundations of Naturalism*）裡直陳其意圖。智慧設計論的主要支持者「探索學會」（詹腓力是他們的計畫顧問）則在他們的「楔子文件」裡推廣它，該文件原本只是內部的備忘錄，卻外流到網路上面。文件裡談五年、十年和二十年計畫目標，旨在影響輿論、推翻無神論的唯物論，並且以「對於自然的有神論理解」取而代之。

因此，儘管智慧設計論表現爲科學理論，我們卻可以說，它並非源自科學傳統。

命題二：演化論基本上是有瑕疵的，因為它無法解釋自然的複雜性。

讀過歷史的學生應該會記得，「複雜性需要一個設計者」的論證早在十九世紀初就曾經由培里提出。達爾文在以天擇去解釋演化之前也認爲該邏輯很吸引人。而智慧設計論則是推陳出新，也就是以生物化學和細胞生物學作爲包裝。

貝希在《達爾文的黑盒子》裡很有說服力地概述了這些論證。生物化學家貝希觀察細胞的內部作用，對於幾十年來科學所發現的分子機制的複雜度，他感到既驚訝又敬畏（和我一樣）。有些很優雅的機制負責把RNA轉譯爲蛋白質，其他機制則幫助細胞周期活動，更有些機制會把細胞表面的訊號一層層傳到細胞核。

讓他驚訝的不只是細胞。由數十億或上百億個細胞構成的器官，其結構更是讓人敬畏。例如人類的眼睛，像照相機一樣的複雜器官，即使是最聰明的光學學生，關於眼睛的解剖學和生理學也總是讓他們印象深刻。

貝希主張說，如此的機制絕對不可能由天擇產生。他的論證主要著眼於那涉及多種蛋白質交互作用的複雜結構，如果任何一種蛋白質被去活化，那麼該結構就會失去功能。

貝希舉了一個特別顯著的例子，也就是細菌鞭毛。許多細菌都有鞭毛，是推動細菌的胞器，就像「船外馬達」一樣。鞭毛大約由三十種蛋白質組成，其構造其實非常優雅。它有微型的底錨、驅動軸以及一個萬用接頭。它們一起轉動一個絲狀的驅動器。整個設置根本就是一個奈米科技工程的奇蹟。如果那三十種蛋白質因為基因突變而去活化，整個機器就無法正常運轉。貝希認為，僅僅以達爾文式的天擇歷程為基礎，是無法產生如此複雜的設備的。他假設說，這個複雜的船外馬達有某個組件是長時間隨機演化而來的，但是除非其他二十九個組件也一起發展，否則不會有選擇的壓力去支持它。但是除非裝配成整個結構，否則它們也不會有任何選擇的優勢。貝希論證說（鄧勃斯基後來把它轉換成數學論證），許多各自獨立而無用的組件偶然共同演化的機率幾乎是無限小。

於是，智慧設計論的主要科學論證翻新了培里的「基於個人不可置信的論證」的版本，以生物化學、遺傳學和數學的語言去表現。

■命題三：如果演化理論無法解釋不可化約的複雜性，那麼終究得有個智慧設計者跳進來，為演化的歷程提供必要的元素。

智慧設計運動很謹慎地不指名說誰會是設計者，但是它的基督教領袖們暗示說缺少的那個力量是來自上帝本身。

對於智慧設計論的科學反駁

智慧設計論對於達爾文主義的反駁表面上很有說服力，難怪非科學家們，尤其是那些在演化歷程裡尋找上帝的角色的人們，很熱烈地歡迎那些論證。但是如果他們的邏輯眞的有以科學爲理由的價值，我們會覺得生物學家們也應該對於那些觀念感興趣才對，特別是因爲有很多生物學家都是教徒。然而事實並非如此，而且在科學界裡，智慧設計論始終是可信度很低的非主流活動。

爲什麼會這樣呢？果眞是如智慧設計論者所說的，生物學家們因爲習於膜拜達爾文的祭壇，而無法接受其他觀點嗎？既然科學家其實很喜歡奇詭譎怪的點子，也總是想辦法要推翻現有的理論，他們不太可能因爲設計論證挑戰達爾文就拒絕它。其實，他們拒絕的理由要重要得多。

第一，智慧設計論基本上不算是個科學理論。所有科學理論都是要對於整個實驗的觀察提出一個解釋架構。但是理論不只是往回看，更要能夠往前看。一個可實現的科學理論可以預測其他的發現，並且提出未來的實驗驗證的方法。就此而論，智慧設計論有嚴重的缺點。儘管它對於許多信徒很有魅力，但是智慧設計論主張以超自然力量的干預去解釋生物體的複雜組成，那其實是一條科學的死胡同。除非發明時間機器，否則要證實智慧設計論幾乎是不可能的事。

詹腓力所描繪的核心智慧設計論，也無法解釋所謂的超自然干預藉以創造複雜性的機制。貝希爲了解決這個問題，便主張說，原始的生物體都「預載」（preloaded）了發展結構複雜的多分子機制（他稱爲不可化約的複雜）所需的一切基因。貝希認爲，如果有需要的話，那些沉睡的基因會在數億年後的適當時機裡甦醒。但是現在的原始生物體裡並未發現有提供未來使用的訊息庫，撇開這個事實不談，就我們對於那些沒有被利用的基因的突變率所知，如此的訊息庫要保存到那麼久以供利用的機率實在很低。

對於未來的智慧設計論而言，更重要的問題是，許多不可化約的複雜性的例證，現在都可以被化約了，而最初支持智慧設計論的科學論證也正在土崩瓦解當中。智慧設計論粉墨登場短短十五年間，科學有了長足的進步，尤其是來自演化樹不同部分的各種生物體的基因體研究。智慧設計論似乎把未知者和不可知者混爲一談，或是把未解決的問題誤以爲是無法解決的，因而產生重要的瑕疵。有許多著作和論文討論這個問題①，有興趣的讀者可以去看看該論戰更清楚（或更技術性）的層面。有三個例子證明，符合貝希的「不可化約的複雜性」定義的結構可以經由漸進的演化歷程組合完成。

「人類凝血級聯反應」及其十二個或更多的蛋白質，似乎是一個很複雜的系統，貝希認爲它甚至可以與魯比・哥德堡（Rube Goldberg）的機器媲美②。該系統始自一個足以在低壓、低流量的血液動力系統裡起作用的簡單機制，長期演化爲擁有高壓的心血管系統的人類和其他哺乳動物所必需的複雜系統，才能很快就止血。

該演化的假設的一個重要性質在於公認的基因複寫（duplication）的現象（圖9.1）。仔細觀察級聯反應裡的蛋白質可以看到，大部分的構件原來在氨基酸層次就已經彼此相聯。那並不是因爲隨機的基因訊息構成全新的蛋白質，最後聚集在一起。相反的，這些蛋白質的相似性正好反映了很久以前的基因複寫，使得新的複本不限於維持其生物體功能的需要（因爲既有的複本仍然有該功能），而能夠經由天擇而漸漸演化出新的功能。

當然，我們無法很精確地勾勒出那最終得到人類凝血級聯反應的步驟順序。我們永遠做不到，因爲以前的級聯反應的寄主生物體已經淪爲歷史了。然而達爾文預測說，當時必定存在有合理的中間步驟，而有些步驟也的確被發現了。智慧設計論對於該預測無言以對，而它的主要前提，亦即整個凝血級聯反應是從以前的DNA亂語（gibberish）突顯其完

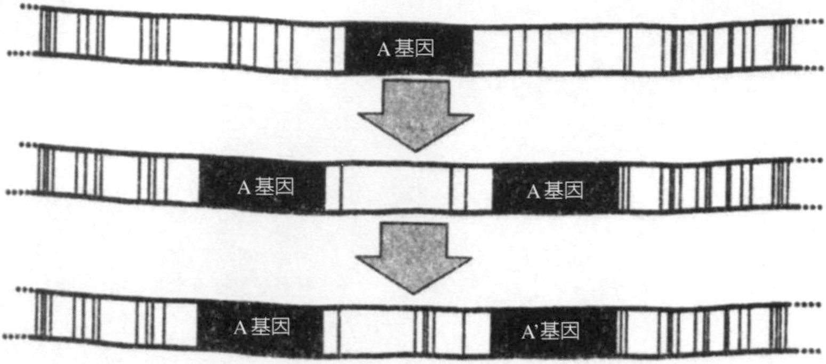

圖9.1　藉由基因複寫的一個多蛋白質複合體的演化。在最單純的環境裡，A基因為生物體提供一個基本的功能。接著基因的複寫（在基因體演化時經常發生）創造一個新的複本。該複本對於該功能並非必要（A基因仍然提供該功能），因此它能夠沒有限制地自由演化。在極罕見的情況下，隨機的改變讓它產生對生物體有益的新功能（A'），導致正向的選擇。DNA序列的詳細研究證明，諸如人類凝血級聯反應之類複雜的多構件系統似乎是由這類機制產生的。

整功能的，其實是一個稻草人論證謬誤，沒有任何認眞的生物學學生會接受它[3]。

智慧設計論者也經常會以眼睛爲例，去說明漸進式的天擇不可能達到那種複雜性程度。達爾文也知道他的讀者很難接受這點：「眼睛及其獨特的裝置，既可以調整不同的焦距、接受不同的光線強度，又可以校正表面和色彩的像差，而要假設說如此的裝置可能是由天擇形成，我必須承認是非常荒謬的。」[4]然而作爲歷史上最偉大的比較生物學家，達爾文在一百五十年前就對於這個複雜的器官提出一連串演化步驟的解釋，而現代的分子生物學也很快就證實了它。

即使是最簡單的生物體，也具有感光的功能，可以躲避掠食者並且覓食。扁蟲有很簡單的色素孔紋，其中包含感光細胞，可以爲其感知光子的能力提供某種方向性。優雅蝸居的鸚鵡螺則有一點點進步的突變，它的孔紋轉變成只有一個感光孔的腔。它有助於裝置的解析，而不需要改變周圍組織的任何幾何結構。同樣的，其他生物體原始的感光細胞上面覆蓋著的膠狀物質，也使得光線能夠集中。在幾億年的光景裡，我們不難想像該系統如何演化爲現在哺乳動物具有感光的視網膜和聚集光線的水晶體的眼睛。

在仔細觀察之下，其實眼睛的設計也不盡完美，感光的視桿細胞和視椎細胞位於視網膜的內層，光線必須通過神經和血管才能達到那些細胞。人類的脊椎（並不是垂直支撐的理想設計）、智齒和不知所以然的闌尾，對於許多解剖學者而言，種種的不完美似乎都在說明不存在著關於人類的智慧設計。

對於智慧設計論的基礎的另一個重大打擊，是來自最近關於細菌鞭毛的許多啓示，而細菌鞭毛可以說是智慧設計論的畸形兒。主張它是不可化約的複雜，必須預設鞭毛的個別子單位以前沒有別的用處，因此不可能由天擇的力量漸漸累積各種構件，進而組合成「馬達」。

但是最新的研究澈底推翻了該立場⑤。尤其是多種細菌的蛋白質序列比較證明了鞭毛的若干構件也出現在完全不同的裝置裡，某些細菌在攻擊其他細菌時會用它來毒液注射。細菌的這種攻擊武器，微生物學家稱爲「第三型祕密裝置」，爲擁有它的生物體提供「適者生存」的明顯優勢。據推斷，該構造的各種元素早在數億年前便已經被複寫出來，並且被聚集爲新功能；藉由若干蛋白質（它們以前各自有簡單的功能）的結合，終於形成了馬達。當然，「第三型祕密裝置」只是鞭毛的一小塊拼圖，我們距離拼出整幅圖還很遠（如果拼得出來的話）。但是對於被智慧設計論貶損爲超自然力量的步驟而言，每一塊新的拼圖都可以對該步驟提出自然的解釋，讓它的對手漸漸沒有立足之地。貝希引用達爾文的名言去支持「不可化約的複雜性」的論證：「如果可以證明存在著一種複雜的器官，它不可能由無數連續而微小的變化形成，那麼我的理論就會完全崩潰。」⑥就鞭毛的例子以及「不可化約的複雜性」提出的其他例證來看，都沒有滿足達爾文的判準，而如果對於現有的知識的誠實評估，那麼我們會得到的結論也正是達爾文接下來的那句話：「但是我找不到那種例子」。

對於智慧設計論的神學反證

因此，就科學的立場而言，智慧設計論是無法成立的，它既無法以實驗去驗證，它的「不可化約的複雜性」的理論基礎也不夠堅固。但是除了頑固的科學家以外，它也無法吸引信徒。智慧設計論是「塡補空隙的神」的理論，在它的支持者主張科學無法解釋的地方，假設那裡需要超自然力量的干預。各種文化在傳統上都會把當時科學無法解決的自然現象歸因於神，無論是日蝕或是一朵花的美麗。但是那些理論的下場都很淒涼。科學的昌明最終會塡補那些空隙，讓那些把他們的信仰附著在空隙裡的人們聞風喪膽。最後，「塡補空隙的神」的宗教極有可能變成疑神疑鬼的信仰。我們不可以在現代重蹈覆轍。智慧設計論附和這個讓人失望的傳統，也面臨著相同的覆亡結局。

再者，智慧設計論把全能者描繪成笨手笨腳的造物主，每隔一段時間都必須干預，以修補祂在產生萬物的複雜性時的原始計畫的各種缺陷。對於一個敬畏著上帝不可思議的智慧和創造天才的信徒而言，那是一個無法滿意的形象。

智慧設計論運動的未來

鄧勃斯基是智慧設計論運動主要的數學模型塑造者，因爲他強調追尋實際的眞理的重要性而實至名歸。「智慧設計論不可以爲了打敗我們無法接受的觀點而變成高貴的謊言

（歷史充滿了最後自取其辱的高貴謊言）。相反的，智慧設計論必須就科學的是否對錯讓我們相信它的眞理。」⑦鄧勃斯基的這一席話絕對是正確的，卻也只是延後智慧設計論的覆亡而已。鄧勃斯基在他處談到：「如果那極爲複雜、優雅且統合的生物系統（正如細菌鞭毛）可以證明是達爾文式的漸進歷程所形成的結果（因此其特有的複雜性其實只是個幻想），那麼智慧設計論就無法成立，因爲當沒有計畫性的自然因可以解釋時，我們不會再訴諸智慧因。如此一來，奧坎剃刀會很俐落地把智慧設計論給解決掉。」⑧

如果我們愼思當代科學的資訊，應該會認爲如此的結局已經近在咫尺。智慧設計論試圖以上帝去塡補的演化空隙已經被科學的進步給塡滿了。而很弔詭的，智慧設計論堅持這種狹隘而有限的上帝角色的概念，正是對於信仰的極大傷害。

智慧設計論的支持者的眞誠是毋庸置疑的。信徒對於智慧設計論伸出溫暖的手是完全可以理解的，尤其是福音派的基督徒，因爲有些直率的演化論者主張說達爾文的理論必然是無神論。但是這條船並沒有駛向應許之地；相反地，它是沉到海底去。如果信徒堅持藉由智慧設計論爲上帝在人類的存在裡找到一席之地，而當那個理論瓦解了，信仰該怎麼辦呢？

那麼，在科學和信仰之間尋求和諧就沒有希望了嗎？我們必須接受達爾文的觀點嗎？

正如他所說的：「我們觀察的宇宙的性質正如我們對它的期待，終究是沒有設計，沒有目的，無善無惡，只有盲目而無憐憫心的冷漠。」⑨希望永遠不會這樣！無論是信徒或科學家，我相信對於眞理的這個探索總會有一條清晰、有說明力而且滿足知性的解答。

---

①關於該論證的仔細討論，見W. A. Dembski and M. Ruse, eds., *Debating Design: From Darwin to DNA* (Cambridge University Press, 2004)。

②譯注：魯比．哥德堡（Rube Goldberg, 1883-1970），美國漫畫家，以繪製古怪繁複的機器聞名。他以疊床架屋而環環相扣的機器設計去完成一個簡單的動作。所以魯比哥德堡機器（Rube Goldberg Machines）被引申為過度繁複的機制。

③關於該例子的仔細說明，見K. R. Miller, *Finding Darwin's God* (New York: HarperCollins, 1999), 156-61。

④C. Darwin, *The Origin of Species* (New York: Penguin, 1958), 171.

⑤K. R. Miller, "The Flagellum Unspun," in Dembski and Ruse, *Debating Design*, 81-97.

⑥Darwin, *Origin*, 175.

⑦W. A. Dembski, "Becoming a Disciplined Science: Prospects, Pitfalls, and Reality Check for ID" (keynote address, Research and Progess in Intelligent Design Conference, Biola University, La Mirada, Calif., Oct. 25, 2002).

⑧W. A. Dembski, *The Design Revolution* (Downers Grove: Intervarsity, 2004), 282.

⑨R. Dawkins, *River Out of Eden: A Darwinian View of Life* (London: Weidenfeld and Nickolson, 1995).

第十章

選項四：生命之道——信仰和科學的和諧

我在高中畢業典禮的時候，有一個熱心的長老會牧師，他是畢業生的家長，要求興奮鼓譟的青少年們思考準備如何回答生命的三個重要問題：(1)你生活的工作是什麼？(2)愛在你的生活裡扮演什麼角色？(3)你如何面對信仰？他單刀直入的方式讓我們都很驚訝。我誠實自問，答案分別是：(1)化學；(2)越多越好；(3)別碰它。典禮過後，我隱約覺得很不自在。

十二年後，我卻是努力在回答問題(1)和(3)。經過化學、物理和醫學的漫長而曲折的路，我終於遇到尋覓許久的振奮人心事業，結合了我對科學和數學的熱愛以及淑世的願望，也就是醫學遺傳學。同時我也認爲對上帝的信仰比我以前擁護的無神論更有說服力，於是我畢生以來第一次領悟到《聖經》的眞理。

我也依稀察覺到我周遭的人們認爲我的兩個探索是彼此矛盾的，而我被推到絕壁上，但是我很難想像科學眞理和屬靈眞理有什麼眞正的衝突。眞理就是眞理。眞理不可能否證眞理。我參加美國科學協會（American Scientific Affiliation, www.asa3.org），那是由數千位認眞信仰上帝的科學家們組成的團體，在其會議和期刊裡可以發現關於科學和信仰的和諧的許多眞知灼見。看到其他忠實的信徒完全自在無礙地融合信仰以及嚴謹的科學，那對我就已經足夠了。

我承認我多年來一直不怎麼注意科學和信仰的可能衝突，那似乎不很重要。關於人類遺傳學的科學研究有太多東西要去探究，在閱讀以及和他人討論信仰時也有太多關於上帝的本質要去發現。

而當我開始研究基因體（我們的以及地球上許多其他生物體的）時，終於覺得我自己的兩種世界觀也需要和解。關於源自共同祖先的後代漸變如果可能發生，它提供了豐富且仔細的觀察。當我發現所有生物的親緣性時，不僅不覺得困擾，反而更加敬畏，認爲那是同一位全能者的大師級計畫，祂曾經創造了宇宙，並且讓它的物理係數正好可以創造恆星、行星、重元素以及生命本身。當時我無以名之，於是權稱爲「有神論的演化理論」，至今我仍然認爲很貼切。

什麼是有神論的演化理論？

關於達爾文的演化論、創造論和智慧設計論等主題的著作和資料已經汗牛充棟。但是很少有科學家或信徒知道什麼是「有神論的演化理論」（theistic evolution, TE），以現在Google搜尋引擎的標準判準，每十筆關於演化論的資料裡只有一筆提到有神論的演化理論，每一百四十筆關於智慧設計論的資料只有一筆提到它。

然而有神論的演化理論卻是每個既爲嚴謹的生物學家而且是忠實的信徒者的主要立場。其中包括亞薩·葛雷，美國最重要的達爾文主義擁護者，以及多布贊斯基，二十世紀演化思想的巨擘。許多印度教徒、穆斯林、猶太教徒，以及基督宗教信徒，包括教宗若望保祿二世，都支持該觀點。儘管對於某些歷史人物的推斷有些冒險，但是我相信，如果麥門尼德斯（Maimonides）（十二世紀非常著名的猶太哲學家）以及聖奧斯定看到演化論的科學證據，也會支持它。

有神論的演化理論有許多微妙的異本，但是典型的版本則是基於以下的前提：

一、宇宙是大約在一百四十億年前自虛無中誕生。

二、雖然機率非常低，但是宇宙的各種性質似乎正好適合生命。

三、儘管我們仍然不知道地球生命起源的確切機制，但是一旦出現生命，演化和天擇的歷程卻造就了生物多樣性和複雜性的長期發展。

四、一旦演化啓動，就不再需要特別的超自然干預。

五、人類是該歷程的一部分，和猴子有共同的祖先。

六、但是人類也是唯一無法以演化去解釋的生物，並且指向我們的屬靈本質。其中包括道德律的存在（明辨是非），以及歷史裡所有人類文化共有的對神的追尋。

如果我們接受這些前提，那麼就可以得出一個完全可信的、合乎知性的、邏輯一致的結論：不受限於時空的上帝，創造了宇宙並且制定了支配它的自然律。上帝爲了在貧瘠的宇宙繁衍萬物而選擇優雅的演化機制去創造各種微生物、植物和動物。更神奇的是，上帝刻意選擇相同的機制去創造特別的生物，讓他們有智慧、擁有分辨是非的知識、自由意志、以及與祂和好的意欲。祂也知道那些受造者終究會選擇背離道德律。

該觀點完全符合科學告訴我們的關於自然世界的一切。它也和世界各個偉大的一神教並行不悖。當然，演化論的視野無法證明上帝是實在的，也沒有任何邏輯論證可以完全做到。對上帝的信念總會需要信仰的跳躍。但是這個結論已經爲無數的科學家信徒提供了充分、一致且更加開闊的視野，可以讓科學和屬靈的世界觀在我們心裡和樂相處。該視野也讓科學家信徒得到知性的滿足和屬靈的生命，既可以敬拜上帝，又可以利用科學的工具去揭開祂的某些偉大的創世奧祕。

對於有神論的演化理論的批評

當然，對於有神論的演化理論的反駁也紛至沓來①。如果那是一個讓人滿意的結論，爲什麼無法被普遍接納？首先，它其實並不廣爲人知。鮮少有人公開倡議有神論的演化理論以及它對於當前的爭議的解決方案。儘管有許多科學家被歸類爲有神論的演化論者，他們一般都不願意公開承認，因爲害怕科學界的同儕的負面反應，甚或是神學團體的批評。

而在宗教圈裡，許多優秀的神學家們也未能一窺生物科學的堂奧，因而在面對創造論或智慧設計論的批評時沒有足夠的信心去支持該觀點。然而教宗若望保祿二世是個重要的例外，他在一九九六年於宗座科學院（Pontifical Academy of Science）致詞時，爲有神論的演化理論提出特別深刻且勇敢的辯護。教宗說：「新的發現讓我們認識到，演化不只是一個假說。」於此他接受了演化的生物學事實，但是謹慎地以屬靈觀點去平衡它，以作爲對於前任教宗庇護十二世的回應：「如果說人類身體源自先前存在的生命，那麼他的靈則是直接受造自天主。」②

教宗開明的觀點受到許多科學家信徒的溫暖歡迎。但是維也納總主教順波恩樞機（Schönborn）在若望保祿二世辭世才幾個月後，便提出他的質疑，認爲那只是「一九九六年關於演化的一封語焉不詳且無關宏旨的書信」，而智慧設計論應該得到更認眞的看待③。（梵諦岡最近有跡象顯示回到若望保祿二世的觀點。）

有神論的演化理論未受青睞或許有另一個不很重要的理由，那就是它的名字很嚇人。許多神學的門外漢不很清楚「有神論」是什麼東西，更不用說被轉成形容詞去修飾達爾文的理論。把自己對於上帝的信仰降格爲形容詞，意味著地位變成次要的，而被強調的是名詞，也就是「演化」。但是換個角度來看，「演化論的有神論」也不特別好聽。

不幸的是，許多可以描繪該結論的豐富性質的名詞和形容詞都背負了太多的包袱，而讓人不得其門而入。我們應該造一個詞叫作「創演論」（Crevolution）嗎？或許不必。而我們也不敢用「創造」、「智慧」、「根本」或「設計」等詞，以免混淆視聽。我們得從頭來。我不揣鄙陋，建議重新命名爲「經由道的生命」（Bios through Logos）或直接稱爲「生命之道」（BioLogos）。學者知道「生命」（bios）一詞來自希臘文（它也是生物學、生物化學等詞的字根），而「道」（logos）則是「話語」的意思。對於許多信徒而言，「道」和上帝是同義的，正如〈約翰福音〉開頭既有力且詩意的描繪：「太初有道，道與上帝同在，道就是上帝。」（1:1）「生命之道」意指著相信上帝是所有生命的本源，而生命也是在表現上帝的旨意。

很諷刺的是，讓「生命之道」的立場不見天日的另一個主要理由，卻是因爲它促成了爭辯中的雙方陣營的和諧。我們的社會似乎不是在走向和諧，而是在彼此衝突當中。媒體固然難辭其咎，但是它只是在取悅大眾而已。在晚間新聞裡，你很可能會看到連環車禍、肆虐的颶風、暴力犯罪、亂哄哄的名人離婚，當然還有教育委員會關於是否准許教授演化論的刺耳爭議。你大概不會聽到不同的信仰團體齊聚一堂試著解決社區的問題，也不會聽到一輩子主張無神論的安東尼·弗路（Anthony Flew）④歸信的報導，當然更不會聽到有神論的演化理論，或是今天下午城市天空出現雙虹。我們喜歡衝突和齟齬，越激烈越好。學院裡的教授們創作的音樂和藝術，似乎都在歌頌難聽和難看的作品。和諧是很無聊的事。

然而，對於「生命之道」更嚴厲的批評，是認爲該觀點傷害到科學或宗教或同時傷害兩者。對於無神論的科學家而言，「生命之道」似乎是另一個「塡補空隙的神」的理論，在不需要祂的地方畫蛇添足地插入神的臨在。

「生命之道」不是要把上帝硬塞到我們對於自然世界的理解的空隙裡；它是要以上帝去回答科學不曾想要處理的問題，例如「宇宙是怎麼來的？」「生命的意義是什麼？」「我們死後會怎樣？」。不同於智慧設計論，「生命之道」並不想被視爲科學理論。它的眞理只能由心、性、意的屬靈邏輯去檢證。

但是目前對於「生命之道」最主要的批評，則是因爲上帝的信徒無法接受上帝居然以像達爾文式的演化那樣看起來隨機、冷酷而無效率的歷程去創世。他們認爲演化論者總是主張該歷程充滿著隨機和偶然的結果。如果你把時鐘倒轉至幾億年前，然後讓演化機制再來過一遍，你可能得到很不同的結果。例如說，如果在六千五百萬年前，巨大的小行星沒有撞到地球，高等智慧的生物就可能不是肉食性的哺乳動物（「智人」），而是爬蟲動物。

但是在神學的概念裡，人類是「上帝照著自己的形像」（〈創世記〉1:27）被造的，那麼這兩者如何一致呢？呃，或許我們不應該以文害義，認爲《聖經》所指的是解剖學的身體構造，上帝的形像似乎指的是心靈而不是身體。上帝有腳趾甲或肚臍嗎？

但是上帝怎麼會碰運氣呢？如果演化是隨機的，那麼祂如何支配一切，又怎能確定其結果包含了智慧生命？

答案其實近在咫尺，只要我們不再以人類的限制去思考上帝。如果上帝是在自然之外，那麼祂也在時空之外。就此而言，上帝可以在創世的當下便知道未來的一切細節，包括恆星、行星和星系的形成，關於地球生命的誕生的化學、物理、地質學和生物學，一直到你現在讀這本書，以及遙遠的未來。在這個脈絡下，演化可能對我們表現爲隨機的，但是在上帝的眼裡，其結果則是完全預定的。於是，上帝可以完全且深入地參與所有物種的創造，而在我們囿限於線性時間的視野裡，便顯現為隨機而沒有方向的歷程。

或許那可以回答關於人類出現在地球上的機率問題。而對大多數的信徒而言，「生命之道」的最後一顆絆腳石，或許只剩下演化的前提與重要的《聖經》經文的表面衝突。我們細讀〈創世記〉的前兩章，推論出有許多詮釋是由忠實的信徒穿鑿附會的，最多只能被理解為詩和譬喻，而不是對於太初的字義性的科學描述。我們不想重述那些觀點，只引用一段多布贊斯基的話，他是同時信奉俄羅斯東正教以及有神論的演化理論的優秀科學家：

「創世不是發生在西元前四〇〇四年的一個事件，它是始於約莫一百億年前的一個歷程，而且仍然在進行中……演化的學說是否牴觸宗教信仰？並沒有。把《聖經》當作天文學、地質學、生物學和人類學的小學課本，是天大的謬誤。唯有符號被曲解了原義，才會產生空想的且無法解決的衝突。」⑤

那麼亞當和夏娃怎麼辦？

很好，那麼六日創世就可以和科學告訴我們的自然世界並行不悖了。但是伊甸園怎麼辦呢？〈創世記〉第二章裡講到上帝以塵土造亞當，接著以他的肋骨造夏娃，那是一個象徵性的譬喻，意味著人類靈魂進入先前無靈魂的動物王國，或者是眞實的歷史？

如前所述，對於人類變異以及化石紀錄的研究在在指出，現代人類很可能源自大約十萬前的東非。基因分析則證明地球上六十億的人類是來自爲數大約一萬的祖先。那麼我們如何把科學觀察和亞當夏娃的故事調和在一起呢？

首先，根據《聖經》的記載，在亞當和夏娃被逐出樂園的時候，似乎就已經有其他人類存在。否則該隱的妻子——只在該隱離開樂園去住在挪得之地時有提到她（〈創世記〉4:16-17）——是從哪裡來的？某些《聖經》直譯主義者堅稱該隱和塞特的妻子們其實是他們的姐妹，但是如此既嚴重牴觸其後禁止血親相姦的誡律，也和《聖經》的直接敘事不符。對於信徒而言，眞正的兩難是在於，〈創世記〉第二章所說的，究竟是以神蹟創造出一對眞正存在於歷史裡的夫婦的特別行動，讓他們在生物學上有別於其他在地上行走的生物，或者是一個詩意而有力的譬喻，意指著上帝把屬靈本質（靈魂）和道德律灌注到人類身上的計畫。

因爲超自然的上帝可以有超自然的行動，所以說兩者在知性上都站得住腳。然而既然三千年來許多比我們更優秀的心靈都無法眞正理解該故事，我們不應該貿然堅持其中任何一個立場。許多信徒認爲亞當和夏娃的故事是眞實的歷史，但是像魯益師那樣的知識分子和優秀的神話歷史學者，卻認為亞當和夏娃的故事比較像是道德訓義，而不是科學教科書或傳記。以下是魯益師對於該問題的看法：

好幾個世紀以來，上帝讓那將要成為人性的載具以及神的形像的動物趨於完美。祂給它一雙拇指可以碰到其他指頭的手，可以發聲說話的嘴巴、牙齒和喉嚨，以及一顆複雜得足以執行那些體現理性思考的具體動作的大腦。那生物在變成人類以前，已經如此存在了很長一段時間：它甚至聰明得足以做一些事，讓現代的考古學家認為那是人性的證明。但是它只是動物而已，因為它的身體和心理歷程都只是指向純粹物質和自然的目的。然後，當時間到了，上帝會讓這個生物體在心理和生理上衍生出一種會說「我」的新意識，可以把自己當作對象，也認識上帝，可以判斷真善美，也可以察覺時間的流逝……我們不知道上帝造了多少這類的生物，它們在樂園待了多久。但是有一天，它們墮落了。有某個人或東西低聲對它們說，它們可以變成神……它們想要在世界的一隅對上帝說：「那是我們的事，別管我們。」但是並沒有那樣的角落。它們要變成名詞，但是它們始終只是形容詞。我們不知道這個自我矛盾而不可能的願意以哪一種或哪些行動表現出來。我知道那或許和吃了水果有關，但是這個問題並不重要。⑥

儘管保守派的基督徒很崇拜魯益師，對他的這席話或許也會感到很困擾。對於〈創世記〉第一、二章的妥協難道不會讓信徒陷於無限推論的「滑坡謬誤」（slippery slope）⑦，終至否認上帝的根本眞理及其奧蹟嗎？儘管離經叛道的「解放」神學有掏空信仰眞理的危險，成熟的評論者卻習於待在滑坡上，決定何處是合理的中止點。《聖經》的許多經文的確有很明確的歷史見證的性質，作爲信徒，我們必須堅守那些眞理。至於其他部分，例如約伯、約拿、亞當和夏娃的故事，老實說並不具有那種歷史意義。

既然若干經文的詮釋有疑義，忠實的信徒們把演化論的論戰、對於科學的可信度、以及他們的宗教信仰，一概植基於直譯主義的詮釋，而不管早在達爾文的《物種起源》問世以前就有許多其他信徒反對直譯主義的立場，如此合理嗎？我不相信那創造整個宇宙並且經由禱告和屬靈領悟和祂的子民共融的上帝，會要我們去否認科學爲了證明我們對祂的愛而致力開顯的自然世界的眞理。

就此而論，我認爲有神論的演化理論，或者說「生命之道」，是眾多選項當中最符合科學且滿足靈性的說法。未來的科學發現並不會讓它不合時宜或是否證它。它在知性上非常嚴謹，能夠回答許多難解的問題，更讓科學和信仰相輔相成，就像兩根無法撼動的巨柱，撐住那叫作「眞理」的大廈。

科學和信仰都很重要

在二十一世紀裡，在一個科技昌明的社會裡，一場戰爭正在肆虐人類的心靈和心智。許多唯物論者歌頌說科學的進步塡補了我們對於自然的理解的空隙，並且聲稱上帝信仰是過時的迷信，又說我們最好承認它且大步向前。許多信仰上帝的人們則相信他們得自屬靈內觀的眞理比其他眞理更加歷久不衰，而認爲科學和科技的開展是危險而不可信的。兩者立場漸漸強硬，他們的聲音也變得更尖銳刺耳。

我們會因爲認爲科學會威脅到上帝就拋棄它，儘管它拓展了我們對自然的理解，甚至爲人類拔苦與樂？或者反之，我們會拋棄信仰，主張說科學已經證明屬靈生活不再是必要的，並且以雙螺旋的雕刻取代祭壇上古老的宗教符號？

兩者都是很危險的。他們都否定了眞理，也都貶損了人類的高貴性。兩者都會危害到我們的未來，也都是不必要的。《聖經》的上帝也就是基因體的上帝。祂同樣可以在大教堂或實驗室裡被敬拜。祂的創世是莊嚴的、偉大的、複雜的、美麗的，而祂的創世也不可能與自己爲敵。只有我們不完美的人類才會開啓戰端。也只有我們才能中止它。

①見R. C. Newman, "Some Problems for Theistic Evolution," *Perspectives on Science and Christian Faith* 55（2003）：117-28。

②Pope John Paul II, "Message to the Pontifical Academy of Sciences: On Evolution," Oct. 22, 1996.

③Cardinal Christoph Schönborn, "Finding Design in Nature," *New York Times*, July 7, 2005.

④譯注：安東尼·弗路（Anthony Flew, 1923-），英國哲學家，重要的無神論者，於二〇〇四年首次提出理神論。

⑤T. Dobzhansky, "Nothing in Biology Makes Sense Except in the Light of Evolution," *American Biology Teacher* 35（1973）：125-29.

⑥C. S. Lewis, *The Problem of Pain* (New York: Simon & Schuster, 1996), 68-71.

⑦譯注：滑坡謬誤（slippery slope），誤將或然的因果關係解釋為必然關係而無限推論的邏輯謬誤。

第十一章 真理的追尋者

貧窮的埃庫村（EKU）位於尼日河的三角洲，靠近西非海岸線的肘彎。我就在那裡學到如醍醐灌頂般的一課。

我在一九八九年到奈及利亞的一家小型教會醫院去擔任義工，好讓傳教的外科醫生們去參加他們的年會並且充實身體和靈性。在唸大學的女兒和我一直對於非洲的生活很好奇，也很想爲開發中國家略盡棉薄之力，於是同意一起去探險。我知道我的醫術很倚賴美國醫院的高科技，對於陌生的熱帶疾病以及貧乏的醫療設施的挑戰，很可能捉襟見肘。然而，我還是希望能夠到奈及利亞去改變那些病患的生活。

埃庫的醫院是我完全不曾經驗過的。床位永遠不夠，於是病患經常得睡在地板上。他們的家屬得和他們一起住院負責餵食，因爲醫院沒有能力提供足夠的膳食。各種形形色色的嚴重疾病一再地上演。病患到醫院時，經常已經惡化了好幾天。更糟的是，病情總是因爲巫醫的有毒方術而加劇，奈及利亞人有病總是先去找巫醫，直到束手無策才會到醫院來。讓我最難以接受的是，我被找去治療的疾病，大部分顯然是公共衛生系統失效所致。結核病、瘧疾、破傷風，以及各種寄生蟲疾病，一再反映出其環境完全沒有管制，而醫療體系也完全崩潰。

我被問題的嚴重性給嚇壞了，也被人潮洶湧的病患給累垮了，而我沒有足夠的儀器去診斷他們的病，化驗室和X光設備的短缺更讓我感到挫折，我越來越灰心，懷疑當初爲什麼認爲到此一遊來是一件好事。

「你是為我而來的！」

然而有一天下午，一個年輕農夫被他的家人送到診所來，他的腳已經癱瘓而且腫脹不堪。我爲他把脈，驚覺他每次吸氣時脈搏都會消失。雖然我不曾見過這麼劇烈的典型身體症狀（一般稱爲「奇脈」），但是很確定他的心包囊有大量心包液。積水可能會阻斷他的血液循環而致死。

在當時的環境裡，最可能的病因是結核病。我們在埃庫有治療結核病的藥，但是其藥效無法快到拯救那個年輕人。除非下猛藥，否則他沒有幾天可活了。唯一可以救活他的機會，是冒險把粗管針插到他胸腔裡抽出心包液。在已開發世界，這種手術必須由訓練有素的介入性心臟病學家去執行，並且輔以超音波設備，以免劃破心臟而導致立即死亡。

我們沒有那種超音波設備。在奈及利亞的小醫院裡也沒有其他外科醫生曾經動過這種手術。我只能選擇冒險執行侵入性的細針吸引術，或者是眼睜睜地看著農夫死去。我對這個年輕人解釋他的狀況，他也知道自己生命垂危。他很冷靜地要我動手術。我心驚膽跳，嘴裡不停地禱告，把一根長針插到他的左肩胸骨下方，同時又很害怕我的診斷有誤而讓他送命。

沒有多久，針筒裡就湧入暗紅色液體，讓我很擔心是否插到心腔裡去了，但是我隨即看出來那不是正常的心臟血液。那是結核病在心臟周圍導致的心包滲液。我們抽出將近一夸脫的液體。這個年輕男子的反應非常戲劇化。他的奇脈瞬間消失，在二十四小時內，他的雙腿腫脹也迅即復原。

在手術後的幾個小時裡，我覺得鬆了一口氣，甚至有點得意。但是到了第二天早上，似曾相識的憂慮又襲上心頭。畢竟，讓那年輕人罹患結核病的環境並沒有改變。他得在醫院裡開始使用抗結核病藥劑，但是他很可能無力負擔整整兩年的醫療費用，而他也很可能會復發而藥石罔顧。即使他倖存下來，其他可以預防的疾病，肇因於髒水、營養不良以及危險的環境，也在不遠的未來等著他。一個奈及利亞的農夫長壽的機會非常低。

第二天早上，我憂心悄悄地走到他的病床，看到他在讀《聖經》。他揶揄似地看著我，問我是否在醫院工作了很久。我承認我是剛來的，被他一下子就看出來，我覺得有點羞惱。但是這個在文化、經驗和家系都和我大不相同的奈及利亞農夫，說了一句讓我畢生難忘的話：「我可以感覺到你在懷疑自己爲什麼來這裡，」他說：「我有個答案。你是爲了一個理由而來的。你是爲我而來的。」

我呆住了。因爲他完全看穿了我的心，更因爲他所說的話。我昨天把一根針插到他的心裡，而他則是直接刺穿我的心。我自以爲是個很了不起的白人醫生，裝模作樣地夢想要醫治百萬個非洲人，卻因爲他短短一句話而羞愧不已。他是對的。我們都是被召喚去和對方相遇。那個機率是微乎其微的。但是它就出現在彼此一點點善意的行動當中。而那才是最重要的事。釋懷的眼淚模糊了我的視線，我反覆咀嚼他那難以言喻的勉勵的話語，他的勉勵讓我在一個陌生的地方，在某個片刻，和神的旨意和諧一致，如神蹟一般地和這個年輕農夫相視而笑，莫逆於心。

我所學到的科學完全無法解釋那個經驗。對於人類行爲的任何演化論解釋都無法說明，爲什麼一個地位崇高的白人醫生會站在這個非洲年輕農夫的床側，彼此都得到未曾有的領悟。此即魯益師所說的「無條件的愛」（agape）。它是不求回報的愛。對於唯物論和自然主義而言，那是最讓他們難堪的事。而那也是一個人所能經驗到的最甜美的喜悅。

多年來我一直夢想要到非洲去，總想要爲別人做一些眞正無私的事。那種不求個人益處而服務他人的召喚是所有人類文化都共有的。但是我心裡卻藏著另一個不那麼高貴的夢：期望得到埃庫村民的感激，期望得到我在家鄉的醫院同事的掌聲。在貧窮的埃庫村的艱困現實裡，這個偉大的構想顯然沒有實現。但是，一個只想幫助一個人的簡單行動，在危急的情況裡，在我的醫術捉襟見肘的時候，卻變成了所有人類經驗裡最有意義的表現。我如釋重負，真正找到了指北針的方向。而指北針指的並不是自我榮耀、唯物論或醫學，而是指向我們在自己和別人的心裡渴望發現的善意。此刻我才清楚看見，善和真理的創造者，真正的北方，上帝本身，祂在我們每個人心裡刻上尋找善的欲望，藉以開顯祂的神聖本質。

尋求自己的真理之路

於是，在最後一章裡，我們總算繞了一圈，回到一開始談到的道德律的存在問題。我們談到了化學、物理學、宇宙論、地質學、古生物學和生物學，但是這個人類獨特的屬性卻仍然讓我們大惑不解。我歸信了二十八年，道德律始終是我引領走向上帝的最顯著的路標。它更指向一個眷顧人類的上帝，一個無限善且神聖的上帝。

前面討論的其他指向一個造物主的其他評論（宇宙有個開端；它臣服於可以用數學準確表示的法則；以及讓自然法則剛好支持生命出現的種種「巧合」），都很少提到在那一切背後是什麼樣的一個上帝，但是它們的確指出，在如此精確而優雅的原理背後，有一個智慧的心靈。但那是什麼樣的心靈？更確切地說，我們應該相信什麼？

在本書第一章裡，我曾經描述自己從無神論到歸信的歷程。現在我要跟你們說一說我後來走的路。談到這裡，我有點害怕，因爲每當話題從神的一般性概念轉到個別的信仰時，就很容易招致情緒的衝突。

世界上大部分偉大的信仰都有許多共同的眞理，或許若非如此，它們也不會這麼源遠流長。然而其他還是有些重要的差異，每個人也都必須尋求自己的眞理之路。

我歸信上帝以後，花了很多時間去辨識祂的性格。我認爲祂必定是一個關心人們的上帝，否則關於道德律的論證就無法自圓其說。因此我並不接受自然神論。我也認爲上帝必定是神聖且公義的，因爲道德律正是如此召喚我。然而那還是太抽象了。我們不會因爲上帝是至善且眷顧其受造物的，就有能力和祂溝通或是有某種關係。但是我覺得漸漸嚮往那種關係，也開始了解到爲什麼要禱告。禱告不是像有些人所說的，要上帝爲你做某些事。相反的，禱告是要讓我們與上帝和好，認識祂，並且試著去體會祂對於許多讓我們困惑、驚奇或沮喪的問題的觀點是什麼。

然而我覺得要架起與上帝溝通的橋是非常困難的事。我對祂的認識愈多，祂的純潔和神聖就愈加遙不可及，而我自己的念頭和行爲在那亮光裡就顯得愈加黑暗。

我漸漸知道自己沒有能力去做對的事，即使只有一天。我會找一堆藉口，但是當我真正誠實地面對自己時，驕傲、冷漠和忿怒經常在我內心的交戰裡獲勝。我不曾真正想過自己是個「罪人」，但是現在我很難過地發現，以前我認爲那個老舊的語詞看來既粗糙又嚴苛而退避三舍，其實對我而言是恰如其分。

我花更多的時間去自省和禱告，以尋求療癒的方法，但是多半徒勞無功，無法讓我跨越自己的缺陷與上帝的完美之間的鴻溝。

就在我抑鬱寡歡的時候，耶穌基督臨到我。小時候坐在教堂裡的唱詩班席位上，我不很清楚基督是誰。我認爲祂只是個神話、童話故事，或是枕邊故事裡「理所當然」的超級英雄。但是當我第一次在四福音書裡讀到祂的一生行誼時，那些故事的見證本質，以及基督的偉大訓義及其影響，都開始沉澱下來。有一個人宣稱祂不只「認識」神，甚至宣稱他就「是」神。我不曾在其他信仰裡看到有人做過如此大膽的宣告。祂也宣告能夠赦罪，似乎既讓人振奮又驚訝。祂既謙卑又慈愛，宣說許多重要的智慧話語，而被那些忌憚祂的人們釘在十字架上。祂是個人，所以知道我始終覺得非常沉重的人類處境，但是祂應許減輕我們的重擔：「凡勞苦擔重擔的人，可以到我這裡來，我就使你們得安息。」（〈馬太福音〉11:28）

《新約》裡提到關於祂的另外一個駭人聽聞的見證，而且也被基督宗教視爲信仰的核心教義，就是基督的死裡復活。對於一個科學家而言，那是很難接受的東西。但是換個角度想，如果基督果眞如祂宣稱的是上帝的獨生子，那麼只要祂爲了成就更重要的事，當然可以中止自然的法則。

但是祂的復活絕對不只是神蹟力量的證明而已。那麼眞正的重點是什麼？基督徒爲了這個問題已經困惑了兩千年。我也無法找到簡單的答案，倒是有若干環環相扣的答案，共同指向我們犯了罪的自我以及神聖的上帝之間的橋樑。有些註釋家則著眼於「替代」的概念：基督是替代必須爲其罪行接受上帝審判的我們而受死的。有些人則稱爲「救贖」：基督付出最終的代價，使我們解脫罪的束縛，好讓我們找到上帝並安息，相信祂不再因爲我們的罪行而審判我們，認爲我們已經洗滌了罪。基督徒稱之爲「靠恩得救」。但是對我而言，十字架苦刑和死裡復活還有另一層意義。我的驕傲和罪阻擋了我想要接近上帝的願望，而那又是我想要支配一切的自私欲望所致。對上帝的忠實信仰需要自我意志的某種死亡，以便重生爲新的生命。

那麼我怎樣才做得到呢？就像前面每次遇到的難題一樣，我總是可以在魯益師的話裡找到答案：

但是假設神變成人，假設我們會受苦且死亡的人性和神的本質在一個人裡合而為一，那麼那個人應該可以幫助我們。祂可以放棄他的意志，受苦且死去，因為祂曾經是個人；而祂也可以完美地成就這一切，因為祂是神。神在我們內裡成就該歷程，你我才能夠經歷這一切；但是唯有神變成了人，祂才能成就它。唯有我們分受神的死亡，我們對死亡的挑戰才能夠成功，正如我們之所以能夠思考，只因為它是祂的智慧大海裡的一滴水：但是除非神死去，否則我們無法分受神的死亡；而祂無法死去，除非祂變成一個人。這就是為什麼祂要償還我們的債，為我們承受祂自己根本不需要承受的痛苦。①

在我信仰上帝以前，這種邏輯似乎是胡言亂語。現在十字架苦刑和救贖卻突然變成對於橫亙在上帝和我之間的鴻溝最有力的解答，由耶穌基督的位格在那鴻溝上架起橋樑。於是我相信，上帝以耶穌基督的位格臨到地上，有其神性的目的。但是那和歷史吻合嗎？如果說《聖經》裡關於耶穌的故事證明是個神話，甚或是個騙局，那麼我的科學精神是不會再接受基督宗教的信仰的，無論它多麼吸引人。但是我讀了愈多《聖經》或其他關於西元一世紀巴勒斯坦的歷史資料，對於耶穌基督的存在的歷史證據就愈加驚訝。首先，馬太、馬可、路加和約翰四福音書，都在基督死後的幾十年內出現。其風格和內容強烈暗示它們是要當作見證的紀錄（馬太和約翰屬於十二門徒）。早期手抄本的發掘也解決了傳抄和翻譯的錯誤問題。因此，四福音書的眞實性可以說是無庸置疑的。此外，西元一世紀的非基督教歷史學家，例如約瑟法斯（Josephus）②，也提到約在西元三三年有一個猶大先知被彼拉多總督釘到十字架上。在許多傑出的著作裡也有許多證明基督存在於歷史裡的例子，有興趣的讀者可以自行參閱③。有個學者曾說，事實上，「對於一個沒有偏見的歷史學家而言，基督的歷史身分和凱撒的歷史身分一樣，都已經是個公理。」④

我的靈性道路

這個獨特的人似乎象徵著正在尋找人的神（在其他信仰裡，似乎大部分是尋找神的人），而關於他的證據層出不窮，便成爲一個很有說服力的例子。但是我對於諸多的推論既猶豫又害怕，也有點懷疑。或許基督只是一個偉大的靈性導師？對此，魯益師彷彿又特地爲我寫了一段話：

我很想不讓人們說一些關於祂的老生常談的蠢話：「我很願意接受耶穌是個偉大的道德教師，但是我不接受他宣稱為神。」我們不應該這麼說。如果一個凡人也像耶穌那樣說話，他並不會成為偉大的道德教師。他不是瘋子（差不多就像有人說他是一顆水煮蛋一樣），就是地獄的惡魔。你必須做個選擇。他要不是神的兒子，要不就是個瘋子或什麼更糟的東西。你可能會把祂當作瘋子而要祂閉嘴，你可能會把祂當作魔鬼而對祂吐口水或殺了祂，或者你會跪在祂腳前，稱祂為主或上帝。但是我們不應該那樣倨傲的胡言亂語，說他是什麼偉大的道德教師。祂並沒有准許我們那麼說祂。他也不想准許。⑤

魯益師是對的。我必須做個選擇。在我決定要信仰某個神的一年後，我感受到召喚。在一個美麗的秋天，我第一次到密西西比州西部去旅行，漫步在喀斯開山裡，上帝創世的莊嚴和美麗征服了我的抗拒。我在一個角落意外看到一座美麗的冰凍瀑布，約莫有數百英尺高，我知道我的追尋已經到了終點。第二天清晨，太陽剛升起時，我跪在霑滿露珠的草地上，向耶穌基督禱告。

我說這個故事並不是要傳福音或是要人們歸信。每個人都必須去找尋自己的靈性道路。如果上帝是真實的，祂會扶持你的。基督徒們總愛說他們的團體有多麼排他性。寬容是一種美德，不容異說則是一種惡。每當信仰某一種宗教傳統的人對別人的靈性經驗嗤之以鼻時，我總會深感不安。很遺憾的，基督徒似乎特別喜歡那麼做。就我個人而言，我既讚嘆其他的靈性傳統，也從中獲益良多，儘管我把在耶穌基督身上所啓示的上帝本質視爲我自己的信仰要件。

基督徒也總是讓人覺得非常傲慢、喜歡評斷別人、自以爲是，但是基督自己卻從來不會那麼做。我們以著名的善心的撒馬利亞人的故事爲例。在基督的時代裡，聽聞者應該立即明白這個道德故事裡的角色個性，雖然現代人比較不清楚了。〈路加福音〉（10:30-37）如是記錄耶穌的話：

有一個人從耶路撒冷下耶利哥去，落在強盜手中，他們剝去他的衣裳，把他打個半死，就丟下他走了。偶然有一個祭司，從這條路下來，看見他就從那邊過去了。又有一個利未人，來到這地方，看見他，也照樣從那邊過去了。惟有一個撒瑪利亞人，行路來到那裡，看見他就動了慈心，上前用油和酒倒在他的傷處，包裹好了，扶他騎上自己的牲口，帶到店裡去照應他。第二天拿出二錢銀子來，交給店主說：「你且照應他，此外所費用的，我回來必還你。」你想這三個人，哪一個是落在強盜手中的鄰舍呢？他說：「是憐憫他的。」耶穌說：「你去照樣行罷。」

猶太人非常恨撒瑪利亞人，因爲他們拒絕猶太先知的許多訓諭。而耶穌說撒瑪利亞人的行爲比祭司或輔祭的利未人更加有德，聽眾們必定覺得很刺耳。但是愛與接納的至高原則卻在《新約》的基督教義裡處處可見。那是我們如何對待別人的最重要的指導原則。在〈馬太福音〉二二：三五裡，基督被質問什麼是神最大的誡命，他只回答說：「你要盡心、盡性、盡意、愛主你的神。這是誡命中的第一、且是最大的。其次也相倣，就是要愛人如己。」

在其他偉大的世界宗教裡也可以看到許多這樣的原則。然而如果信仰不只是文化習俗，而是在追尋絕對的眞理，我們就不能以邏輯謬誤的方式說所有彼此衝突的觀點都同樣爲眞。一神論和多神論不可能同時是對的。在我自己的追尋裡，基督教給了我永恆眞理的特殊指環。

尋找就尋見

如果你和我一起探索到這裡，我希望你會同意，科學的世界觀和屬靈的世界觀都很有裨益。對於世界最重要的問題，它們都提出不同卻互補的答案，而對於活在二十一世紀裡的一個知性探索者而言，它們其實是可以和平相處的。

科學是探究自然世界的唯一合理方式。無論是探測原子的結構、宇宙的性質、人類基因體的DNA序列，科學方法都是揭露自然事件的眞相唯一可靠的方式。是的，實驗可能錯得很離譜，實驗的解釋可能會被誤導，科學也可能會出錯。但是科學的本質就是自我更正。在不斷增長的知識面前，任何重大謬誤都堅持不了多久。

然而，光是科學還是不足以回答所有的重要問題。即使是愛因斯坦，也看到純粹自然主義的觀點的困窘。他曾經字斟句酌地說：「有科學而沒有宗教是跛腳的，有宗教而沒有科學則是盲目的。」[6]人類存在的意義，上帝的眞實性，死後世界的可能性，以及其他的靈性問題，都不是科學方法所能夠觸及的。儘管無神論者會說，正因爲如此，那些問題都是無法回答的而且無關緊要的，但是他們的說法卻和大部分個體的人性經驗不相符。鮑金霍恩曾經很貼切地以音樂爲喻：

> 只要我們看看音樂的奧祕，就會更加清楚客觀主義的解釋的困窘。從科學的觀點去看，音樂只不過是空氣裡的振動，影響到耳鼓，刺激了大腦裡的神經電流。
>
> 如此平凡無奇的時間性的序列活動，怎麼會有力量去對我們的心靈訴說永恆的美呢？整個主觀經驗，從看到一片石竹花，到為B小調彌撒曲的演出如癡如醉，乃至於密契主義

者和那言語道斷的太一的相遇，所有這些真實的人類經驗都是我們和實在界的重要接觸，我們不能把它們摒棄為宇宙表面的附帶現象，而認為宇宙的真正本性是無關人性的、沒有生命的。⑦

科學不是唯一的知識途徑。屬靈的世界觀給了我們另一種發現眞理的方法。對此不以爲然的科學家們最好去看看他們自己的工具的諸多限制，誠如天文學家亞瑟·艾丁頓（Arthur Eddington）的譬喻。他說有個人用大約三英寸網目的魚網準備要研究深海生物。他從海底撈到許多奇妙的野生動物，便推論說深海裡沒有小於三英寸長的魚！如果我們也用科學的網去把握我們對於眞理的個殊觀點，也就難怪找不到靈性的證據了。

是什麼東西阻擋我們心胸開闊地去接納科學和屬靈世界觀的互補本質呢？那不只是單調乏味的理論性哲學問題而已。那是對我們每個人的挑戰。所以，請原諒我在本書結束前談一些比較個人的事。

對信徒們的忠告

如果你是上帝的信徒，你挑這本書來讀只是因爲擔憂科學以無神論的世界觀在侵蝕信仰，我希望當你知道信仰和科學可以和諧相處時會感到心安一點。如果上帝是整個宇宙的造物主，如果祂對於人類的粉墨登場有特別的計畫，如果祂想要和人類和好相處，在人類心裡樹立道德律作爲追尋祂的路標，那麼我們微不足道的心智對於祂創世的莊嚴崇高的理解，是不太可能威脅到祂的。

就此而論，科學也可以被視爲某種形式的敬拜。是的，信徒應該是追求新知的急先鋒。以前就有許多信徒曾經是科學巨擘。但是現在卻有許多科學家羞於承認他們的宗教觀點。雪上加霜的是，教會領袖似乎總是和科學新發現的步調不一致，更在昧於眞相的情況下貿然抨擊科學的觀點。其結果自然是教會自取其辱，讓眞誠的追尋者遠離上帝的懷抱。〈箴言〉（19:2）即警告過這種善意卻無知的宗教狂熱：「心無知識的，乃爲不善。」

如果信徒們知道哥白尼的太陽中心說是在讚美上帝的榮光，而不是在詆毀祂，或許就會聽他的勸告：「認識神的大能；體會祂的智慧、莊嚴和權力；讚美祂的法則的神奇造就；這一切當然都是敬拜那至高者的合宜方式，對祂而言，無知不會比知識更加感恩。」⑧

對科學家們的忠告

另一方面，如果你是信賴科學方法而對於信仰心存懷疑者，或許這時候你可以自問是什麼阻擋你去尋求這兩個世界觀的和諧。

你是否擔心信仰上帝就必須淪落到非理性的態度、邏輯的妥協，甚至是知性的自殺？我希望本書提出的論證可以多少消除這些疑慮，並且讓你相信在所有可能的世界觀裡，無神論才是最不理性的。

你是否很討厭那些擁有信仰者的僞善行爲？那麼請再次記得，屬靈眞理純潔的聖水是盛在那叫作人類的生鏽容器裡的，也就無怪乎那些根本的信仰時而會被嚴重扭曲。因此，不要根據你在個人或宗教團體裡看到的行動去評斷信仰本身，而是要根據信仰所呈現的恆久屬靈眞理。

你是否爲信仰的某種哲學問題感到苦惱，例如爲什麼仁慈的上帝會容許有苦難？其實，有許多苦難是我們自己或他人的行動造成的，而在一個有自由意志的人類世界裡，那是無法避免的事。況且，如果上帝是眞實的，那麼祂的意志會經常不同於我們的意志。儘管很難以接受，但是完全沒有苦難，對於我們的屬靈成長並不是最好的事。

或者你只是覺得難以接受科學工具不足以解決任何重要問題的想法？這是科學家特有的問題，他們一生致力於以實驗去探索自然。就此而論，接受科學無法回答所有問題的事實，對於我們的知性驕傲是個重大的打擊，但是那個是需要去承認、內化和學習的。

我們對於靈性的討論讓你坐立難安，只是因為你發現上帝存在的可能性會改變你自己的生命計畫和行動嗎？我自己經歷過「任何的盲目」時期，很清楚這種反應，然而我可以見證說，認識上帝的愛和恩寵，是在給你權柄而不是限制你。上帝是要釋放你而不是監禁你。

最後一點，你是否根本就沒有花時間認真去思考屬靈的世界觀？在我們的現代世界裡，許多人在競逐各種經驗，極力要否認我們終將一死的命運，把認真思考上帝的問題推託到我們想像中的成熟時機。

人生苦短，在可見的未來，死亡率總會變成百分之百。將自我開放給屬靈的生命會是難以言喻的豐富。不要等到個人危機或垂老之年讓你不得不承認靈性貧乏的時候，才要認眞思考這些具有永恆意義的問題。

最後一句話

追尋者們，這些問題是有答案的。在上帝的創世的和諧裡，可以看到喜悅和平安。我家樓上的門廳，掛著裝飾精美的兩段《聖經》經文，是我的女兒用很多顏色手繪的。每當我苦思答案時，總會去瞧瞧它們，也都會想起眞正智慧的本性。「你們中間若有缺少智慧的，應當求那厚賜與眾人、也不斥責人的神，主就必賜給他。」（〈雅各書〉1:5）、「惟獨從上頭來的智慧，先是清潔，後是和平，溫良柔順，滿有憐憫，多結善果，沒有偏見，沒有假冒。」（〈雅各書〉3:17）

對於我們滿目瘡痍的世界，我的禱告是，讓我們以愛、理解和同情，一起去尋找和尋見那種智慧。

在科學和靈性日益升高的戰爭裡，現在是喊休戰的時候了。這個戰爭絕非必要。就像許多俗世的戰爭一樣，這個戰爭也是由雙方陣營的極端主義者挑起且激化的，他們總是危言聳聽，預言說除非澈底消滅對方，否則會大難臨頭。上帝並不威脅科學，而會助長科學。而科學也根本無法威脅上帝；是上帝使一切成爲可能的。所以，讓我們攜手建設一個穩固的基礎，以發現一個同時滿足知性和靈性的關於所有偉大眞理的統合。理性和敬拜的老家不曾有坍塌的危險。以後也不會。它向所有真誠的真理追尋者招手，要他們住在它那裡。回應那個召喚吧。放棄戰爭。我們的希望、喜樂和世界的未來，都要依賴它。

---

①C. S. Lewis, *Mere Christianity* (Westwood: Barbour and Company, 1952), 50.

②譯注：約瑟法斯（Titus Flavius Josephus），西元一世紀猶太歷史學家和護教者，他記錄了西元七〇年耶路撒冷的毀滅。

③L. Strobel, *The Case for Christ* (Grand Rapids: Zondervan, 1998); C. L. Blomberg, *The Historical Reliability of the Gospels* (Downers Grove: Intervarsity, 1987); G. R. Habermas, *The Historical Jesus: Ancient Evident for the Life of Christ* (New York: College Press, 1996)。

④F. F. Bruce, *The New Testament Documents, Are They Reliable?* (Grand Rapids: Eerdmans Publishing Co., 2003).

⑤Lewis, *Mere Christianity,* 45.

⑥A. Einstein, "Science, Philosophy and Religion: A Symposium" (1941).

⑦J. Polkinghorne, *Belief in God in an Age of Science* (New Haven: Yale University Press, 1998), 18-19.

⑧Copernicus quoted in D. G. Frank, "A Credible Faith," *Perspectives in Science and Christian Faith* 46 (1996): 254-55.

附錄

科學和醫學的道德實踐——生命倫理學

許多一般大眾對於生物醫學預防或治療重大疾病的研究發展都感到很興奮，但是也擔心這些新科技會讓我們陷於危險境地。探討生命科技和醫學應用於人類的道德問題的學科，就叫作生命倫理學（bioethics）。在附錄裡，我們要討論某些至今爭辯不休的生命倫理學的兩難問題（雖然那不是全部的問題）。我會特別著重於因爲對於人類基因體日新月異的理解而產生的問題。

醫學遺傳學

幾年前，有一個重病婦女來到密西根大學醫院腫瘤科。在那一天，我了解到一個醫學遺傳學的重要革命正要開始。我和她在很複雜的情況下相識，涉及了一個關係緊密的家庭、一種可怕的疾病，以及人類基因體的前衛研究。①

蘇珊（不是她的眞名）和她的家庭生活在一個陰影底下。首先是她母親被診斷出乳癌，接著是她阿姨、阿姨的兩個孩子，以及蘇珊的姐姐。蘇珊很擔憂，於是自己也去仔細檢查，並且定期作乳房X光攝影，同時也看到她姐姐輸掉她的最後一役。蘇珊的一個表妹決定作預防性的乳房切除手術，希望避免相同的命運。蘇珊的另一個姐姐珍妮也發現腫瘤，並且證實是癌症。

當時我和我的外科同事芭芭拉・韋伯（Barbara Weber）在密西根設立一個研究乳癌的遺傳因子的計畫。蘇珊的家族被列爲研究個案，我只知道叫作「第十五號家族」。但是在一個奇怪的巧合裡，珍妮來找我診療她的乳癌，韋伯醫師看到她在我的診療室，聽到她的家族病史，知道了她們的關係。

幾個月後，蘇珊來看看我和韋伯是否有新的研究資訊，可以讓她不必做兩側的乳房切除手術。由於她的情況不很樂觀，她本來決定要在三天內動這個大手術。她來訪的時間點很湊巧。我們的實驗室幾個禮拜前剛好證明蘇珊的家族成員很可能都在第十七對染色體的一個基因（現在已知是BRCA1）帶有一個很危險的突變。我們原先沒有期望我們的研究這麼快就要有如此重大的臨床應用。現在遇到這個緊急狀況，韋伯醫師和我都認爲，如果相關性如此明顯而沒有告知該訊息，會是很不道德的事。

我們回到實驗室仔細研讀數據，立即發現蘇珊並未遺傳到她母親和姐妹帶有的那種危險突變，因此她罹患乳癌的風險也沒有高於一般婦女。就在那天，蘇珊成爲世界上第一個知道BRCA1狀態資訊的人。她的反應是既高興又難以置信。她取消了手術。

消息也如野火一般在她的家族迅即傳開來，接著電話鈴聲就響個不停。幾個禮拜內，我和韋伯醫師忙著爲她的龐大家族作諮商，她們都想要知道自己的狀況。

其中還有許多戲劇性的插曲。那位在幾年前做了預防性乳房切除手術的表妹，證實根本沒有危險突變。她被告知結果時，起初非常震驚，後來也安然處之，認爲在她當時決定動手術時已經做了最好的選擇。

最戲劇性的或許是父親家族的檢查結果，她們原本以爲並沒有什麼罹患乳癌的風險，因爲她們和罹病的女性是同父異母的關係。然而導致乳癌的基因經由未染病的男性傳遞，那聽起來很不可置信，但是BRCA1就是這種模式。其實，檢查證實他們的父親帶有該突變並且遺傳給十個孩子裡的五個人。其中有一位年約三十九歲的女性很驚訝於自己也是高危險群的消息。她要知道自己DNA檢驗的結果；結果是陽性反應。她立即要求做乳房X光攝影檢查，當天知道她得了乳癌。好消息是腫瘤還很小，如果兩三年後才診斷出來，預後可能就沒有那麼樂觀了。

經過告知，該家族裡有三十五個成員發現有罹病風險。其中則有半數證實帶有危險的突變，而他們有一半是女性。帶有這種基因的婦女有罹患乳癌和卵巢癌的風險，其醫學和病理學方面的影響甚大。即使是「逃過詛咒」的蘇珊，也經歷了長期的憂慮以及和家庭的疏離，體會到什麼叫作「倖存者的罪惡感」，這個詞原本是指「大屠殺」的倖存者。

蘇珊的家族的確很不尋常。大部分乳癌病例都有點遺傳因素，但是不像她的家族那麼強。但是我們當中也沒有完美無缺的。在DNA裡普遍存在的突變，我們為了演化而付出的代價，意味著我們無論在身體和靈性方面都無法自稱完美。

總有一天，讓我們每個人都有罹病風險的基因問題會被發現，我們也可以像蘇珊的家族一樣，發現我們的DNA使用手冊裡藏著什麼東西。當我們開始審視日新月異的人類生物學的各種影響時，立即浮現倫理的問題，其實也應當如此。知識本身並沒有道德價值；只有在應用知識的時候，才會觸及倫理的向度。醫學以外的知識應用在日常經驗裡也是如此。例如說，某些化學物質的混合可以創造出色彩繽紛的煙火表演，在慶典裡照亮我們的天空，讓我們興高采烈。但是同樣的混合物也可以用來發射火箭或製造炸彈，殘殺許多無辜的百姓。

我們有足夠的理由去讚美人類基因體計畫的科學成就。畢竟，歷史裡幾乎所有的文化都把緩解疾病的痛苦視為好事一樁，甚或是一種德行的訓義。或許有人認為科學跑得太快了，而我們應該暫緩某些應用，直到我們有時間去研究其倫理問題，但是我發現這種說法很難說服那些急著要幫助生病的孩子的父母親們。刻意限制拯救生命的科學的發展，好讓倫理學「跟上腳步」，這種作法本身是否也有點不道德呢？

個人化的醫學

根據基因體學目前的革命，我們可以期待未來有什麼改變嗎？首先，對於每個人都不一樣的人類DNA的一點點片段（0.1%）的理解就已經是向前跨了一大步，在幾年內，那些導致個人可能罹患癌症、糖尿病、心臟病、阿茲海默症以及許多其他病症的最常見的基因缺陷，都可以一一揭露。如果我們有興趣的話，甚至可以列出個人未來可能罹患的疾病清單。然而很少人的報告會像蘇珊的家族那麼有戲劇性，因為我們的基因缺陷很少會造成那麼大的影響。

你想知道你的報告嗎？很多人會說要，如果干預可以降低其風險的話，而且在某些情況下已經是可能的。如果有個人被發現有罹患結腸癌的高度遺傳風險，他可以儘早開始作結腸鏡檢查，每年作一次，看看是否有小息肉，在它沒有轉變成致命的癌症前把它切除掉。被發現為糖尿病高風險群的個人，可以注意他們的飲食，並且避免發胖。被發現為腿部血凝塊高危險群的個人，則可以避免使用避孕丸和長期久坐。

在個人化醫學的另一個重要應用裡，我們漸漸明白個體對於藥物的反應受遺傳影響甚鉅。在許多案例裡，先行檢驗個人的DNA樣品，可以預測應該投以什麼藥以及劑量。

「藥物基因體學」應用甚廣，可使藥物治療更加有效，而減少危險或致命的副作用。

DNA鑑定的倫理問題

以上談到的進展都是有潛在價值的。然而其中也有許多倫理的兩難問題。蘇珊的家族曾經對於為孩子們鑑定 BRCA1 的突變是否合宜而意見紛歧。既然對於孩童並沒有醫療方法，而陽性鑑定結果的心理衝擊可能會很嚴重，我和韋伯醫師，就像大部分的倫理學家一樣，認為應滿十八歲才能做那種鑑定。而有一個帶有 BRCA1 突變的父親就抱怨他的女兒不能馬上檢驗。他認為身為父親的他才有權決定是否要做。

另外還有一個更大的倫理問題，是關於第三者是否可以知道或使用個體的基因資訊。蘇珊和她的許多親戚都擔心，如果被檢驗出陽性結果，該資訊可能落到她們的健保公司或雇主手裡，她們可能被拒保或是丟掉工作。

對於該狀況詳盡的倫理學分析曾經推論說，基因資訊的歧視性使用牴觸了公平正義的原則，因為 DNA 的缺陷基本上是大家都有的，人們無法挑選自己的 DNA 序列。另一方面，如果被保險人知道自己的風險，而保險業者無從得知的話，那麼客戶可能會賭掉整個保險體系。那對於大型的壽險政策而言茲事體大，而在健保裡似乎沒有那麼重要。

因此，有足夠的證據指出，應該立法防止健康保險和職場的基因歧視。然而在寫作本書的時候，我們還沒有看到美國任何聯邦層級的有效立法。如果無法提供法律保護，對於未來個體化的預防醫學會有很嚴重的負面影響，因爲個人可能不願意取得那可能對他們很有幫助的基因資訊。

另一個重要的倫理問題則是醫療管道的問題。這個問題在美國尤其棘手，因爲目前美國有四千多萬公民沒有健康保險。在所有已開發國家當中，美國似乎不願意面對道德責任的失敗。其中一個悲劇性的影響，就是把窮人趕到很沒有效率而且不可靠的急救室裡去治療。那完全無助於預防，只是著眼於已經出現的醫療不幸。

研究的發展讓醫療管道的兩難問題更加尖銳，尤其是對基因體的認識，對於癌症、心臟病、精神疾病和許多其他身體異常，出現了更新且更有效的預防方法。

生物倫理學以道德律為基礎

在繼續探討倫理兩難問題以前，我們得先思考我們對於倫理行爲的判斷的基礎。許多生命倫理學的問題都很複雜。那些爭論某個決定是否合乎道德的人們，可能來自非常不同的文化背景和宗教傳統。在一個俗世且多元的社會裡期待任何團體對於在困境中的正確行為能有共識，似乎很不切實際。

其實，我發現只要事態明朗，在大部分的情況裡，儘管人們的世界觀大不相同，卻都能夠得到相當合理且一致的結論。雖然乍聽之下很讓人驚訝，但是我相信那是關於道德律的普遍性的最好例證。我們所有人對於是非對錯都有本有的知識，儘管可能因為困惑和誤解而被遮翳，也可以藉由慎思去發現它。波象（T. L. Beauchamp）和柴卓斯（J. F. Childress）②主張說，生命倫理學以四個倫理原則為支柱，而且是幾乎所有文化和社會的共同原則。它們包括：

一、對自主性的尊重：理性的個體應該有自由作個人的決定，而不受外在的壓迫。
二、正義：公平、道德且沒有偏見地對待所有人。
三、利他：為別人的利益著想。
四、不害：「不傷害為要」（如希波克拉底誓詞所言）。

信仰在生命倫理學的爭論裡應該扮演什麼角色？

無論是猶太教和基督宗教、伊斯蘭教、佛教或其他世界宗教，信徒們總會在他們的經典裡看到這些原則的清楚闡釋。我們在經典裡看到許多關於這些原則最優美且動人的句子。而我們不需要是有神論才會認同這些原則。即使是沒有受過音樂訓練的人，也可以為莫札特的協奏曲渾然忘我。道德律是對我們所有人說話，無論我們是否同意其起源。

倫理的基本原則可以自道德律推論出來，並且是普遍有效的。但是在某些情境裡，不是所有原則都可以同時滿足條件，那麼就會產生衝突，不同的評論者會強調某些原則，但是終究會歸於平衡。在許多情況裡，社會總有如何處置的共識；而在其他的情況裡（我們以下會討論到），對於倫理的損益平衡表，理性的人們可能會有歧見。

幹細胞和複製

我還記得幾年前的一個星期天下午，有個記者打電話到我家裡，問我關於某知名刊物報導的桃莉羊複製的意見。那是很驚人且史無前例的發展，當時幾乎所有科學家（包括我）都認為不可能複製哺乳動物。儘管每個身體的細胞都帶有生物體整部DNA的使用說明書，但是由於DNA的變化是不可逆的，於是我們假設無法如此精確且完整地重編整部使用說明書。

我們錯了。的確，過去十年來有無數的發現證明哺乳動物的細胞類型具有完全出人意料的可塑性。而關於此類研究的利益和風險的爭論則接踵而至，尤其是意見分歧的輿論，似乎沒有消退的跡象。

關於人類幹細胞的爭論更是甚囂塵上，各種術語也讓人如墮五里霧中，因此有必要先說明其背景。幹細胞是具有發展出各種類型細胞的潛能的細胞。例如說，在骨髓裡，一個幹細胞可以產生紅血球細胞、白血球細胞、骨細胞，如果環境合宜的話，甚至可以產生心肌細胞。此類幹細胞通常是指「成體幹細胞」（adult stem cell），以區別於源自胚胎的幹細胞。

由精子和卵子結合而形成的人類胚胎，始自單一細胞。該細胞的可塑性非常高，可以分化爲肝細胞、腦細胞、肌細胞，以及成人身體裡構成複雜組織的一百兆個細胞。目前有充足的證據指出，胚胎幹細胞的複製潛能以及轉變成幾乎任何細胞的能力，都高於成體幹細胞。但是在定義上，人體胚胎幹細胞只能源自早期的胚胎，雖然不一定是在單細胞階段，但是至少要在胚胎小於「i」字母上面那個點的時期。

但是桃莉羊並不是源自胚胎幹細胞或成體幹細胞。複製桃莉羊的故事眞正戲劇性且出人意料的部分，是在於它使用了在哺乳動物身上全新的方法，甚至在自然裡不曾出現過。如圖A.1所示，該程序在技術上稱爲「體細胞核轉移」（somatic cell nuclear transfer, SCNT），始自成年母羊（捐贈者）乳房的一個單細胞。該細胞裡帶有捐贈羊完整的DNA

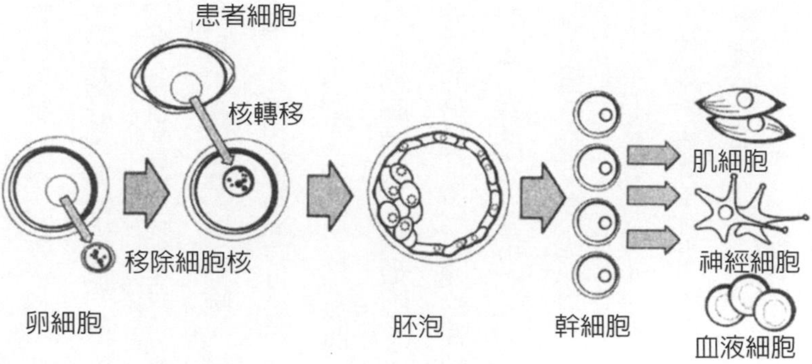

圖 A.1 體細胞核轉移的程序

資訊的細胞核被移置於一個豐富環境裡，其中有蛋白質以及卵細胞的細胞質裡帶有訊號的分子。

那顆卵細胞先前已經被移除其細胞核，因此無法提供所需的基因說明，只是提供辨識且產生那些說明的環境。該細胞置於原始的胚胎裡，乳房細胞的DNA漸漸有效地回復，並且刪除了整個DNA在成爲乳腺細胞的歷程中的所有變化。乳房細胞的細胞核逆轉到它原始未分化的狀態。將該細胞植入一隻羊的子宮裡，便生出了桃莉羊，其細胞核的DNA和原來的捐贈羊完全一樣。

基因體的使用說明書如此出人意料的可塑性，讓科學和醫學界跌破眼鏡。由於該啟示，科學家們現在相信幹細胞的研究可以讓他們知道單細胞如何變成肝細胞、腎細胞或腦細胞。當然，許多基本問題都是由動物的幹細胞研究回答的，因而沒有太多倫理的疑慮。然而幹細胞研究可能的（儘管尚未證實）醫學貢獻，是在於新的治療方法。許多臨床疾病是肇因於某種細胞類型過早死亡。如果你女兒患有好發於青少年的糖尿病（第一型），那是因爲她原本應該正常分泌胰島素的胰島細胞受到身體其他細胞的自體免疫攻擊而漸漸死光。如果你的父親患有帕金森症，那是因爲他大腦某個部位的神經元（即黑質〔substantia nigra〕）過早死亡，導致控制運動功能的正常迴路被中斷。如果你的表姐正要移植肝臟、腎臟或心臟，那是因爲那些器官受損的情況嚴重到無法自行修復。

如果我們有辦法讓受損的組織或器官再生，那目前許多會漸漸惡化或致命的慢性疾病都能夠有效治療甚至康復。因此，「再生醫學」就成爲醫學裡炙手可熱的研究題目。而現在幹細胞的研究似乎是讓美夢成眞的最大允諾。

然而圍繞著人類幹細胞研究的社會、倫理和政治的激烈爭論也正方興未艾。各種觀點的慷慨激昂和衝突也是使史無前例的，科學性的細節經常被淹沒在暴風雨裡。

首先，很少有人主張說幹細胞在醫療上的使用會導致新的重大倫理難題。那些細胞可能來自活人的組織。比較美好的願景是能夠讓那個細胞變形爲治療患者所需的細胞類型。例如說，如果我們知道如何將骨髓幹細胞轉變爲大量的肝細胞，那麼只需要用患者的骨髓就可以「自體移植」肝臟了。

儘管目前已經有若干樂觀的進展，也有龐大的資金投入成體幹細胞研究，但是我們仍然沒有確定的證據可以證實人類成體幹細胞的儲量足以應付慢性病患的許多需求。因此，胚胎幹細胞或體細胞的核轉移就成爲亟待探索的潛在選項。

源自人體胚胎的幹細胞原本應該能夠形成任何類型的組織（畢竟，如果正常的話，它們一直在這麼做）。但是就在這裡，出現某些很嚴重的倫理問題。由精子和卵子結合而形成的胚胎是潛在的人類生命。而從一個胚胎取出幹細胞一般會導致該胚胎死亡（雖然有些方法據稱可以讓它存活）。如果我們一致相信生命始於母親懷孕的話，那麼人類生命從那個瞬間起就是神聖不可侵犯的，因此那種研究或醫療方式就無法被接受。

理性的人們對於該研究方式的合宜性經常會意見分歧。當我們仔細探討從可接受到無法接受的光譜時，可以看到他們主要受以下問題的答案的影響。

■人類生命是否始於母親懷孕？

關於生命從什麼階段開始，科學家、哲學家和神學家已經爭辯了幾百年。關於人類胚胎早期發展裡的解剖學和分子步驟的資訊推論，對於該論戰助益並不大，因爲那並不是眞正的科學問題。數百年來，不同的文化和宗教傳統曾經提出關於生命開端的不同界定，甚至到現在，不同的信仰也使用不同的里程碑去標示靈魂灌注到人類胎兒的時間點。

從一個生物學家的觀點去看，精子和卵子結合後的各個階段皆以可以預期的順序產生，漸漸變得複雜，各個階段中間並沒有明確的界線。因此，在人類和所謂「還沒有在裡頭」的胚胎形式之間，也沒有很適當的生物學界線。有些人主張說，如果沒有神經系統，就不可能有眞正的人類存在，因此，胚胎的「原線」發育（primitive streak）（脊髓最早的解剖學前兆，一般約莫在第十五天出現）可以被視爲那種界線。也有人主張說，胚胎發展出神經系統的潛能始於受胎的片刻，因此該潛能是否以任何解剖學結構的形式實現，那並不是問題的重點。

對於該問題而言，同卵雙胞胎的存在是個很有趣的例子。在早期的發育裡（推估在兩個細胞的階段），胚胎開始分裂而產生兩個有相同DNA序列的胚胎。沒有任何神學家會說同卵雙胞胎沒有靈魂或是共同擁有一個靈魂。那麼，堅持從受孕起即存在有人類靈魂的主張就遇到一個麻煩。

■有什麼情況可以正當地自人類胚胎取出幹細胞？

有人強烈認爲人類生命始自受胎，而胚胎自此即應擁有和成人一樣的道德位階，他們一般都會對該問題給予否定的回答。他們的立場和他們的倫理學是一致的。但是我必須指出，在另一個可能破壞人類胚胎的情況下，他們其中有許多人不作如此想，或至少採取道德相對主義的立場。

那就是現在不孕夫婦廣泛使用的試管授精治療（IVF）的程序。在該程序裡，藉由荷爾蒙治療，女性一次排出許多卵子而採集下來。卵子在培養皿和未來的父親的精子結合。接著胚胎會被觀察三至六天，以評估是否會正常發育，才將少量胚胎（通常為一個或兩個）植入母體，希望可以完成懷孕。

在大部分的情況裡，使用的胚胎總是多於能夠安全植入的胚胎。剩下的胚胎經常會被冰凍儲存。光是在美國就有數十萬顆冷凍胚胎保存在冷凍庫裡，而且其數量繼續在增加中。儘管被其他夫婦使用少數胚胎而懷孕，但是大多數胚胎最後無疑地都會被拋棄。堅決反對在任何情況下破壞人類胚胎的人們因而也會反對試管授精治療。也有人要求所有經由試管授精治療產生的胚胎都要植入，但是多胞胎妊娠會增加胎兒死亡的風險。因此目前這個難題仍然沒有簡單的答案。

然而，許多不那麼反對人類胚胎研究的評論者主張說，儘管試管授精治療最後很可能會破壞多餘的胚胎，但是夫婦渴望有孩子在道德上完全無可厚非，因而也證成了該程序。

該說法或許站得住腳，但是如此便牴觸了無論任何可能的利益都不得破壞人類胚胎的原則。

職是之故，許多人會問：如果不是爲了產生研究用的胚胎而做試管授精，如果醫學研究僅限於那些在試管授精治療程序中註定要被銷毀的胚胎，那麼會是不道德的行爲嗎？

體細胞核轉移基本上是不一樣的

所幸，當另一種比較沒有道德爭議的方法可以提供更重要的醫療突破時，關於自胚胎培養幹細胞的唇槍舌劍就顯得無關緊要了。我指的是複製桃莉羊所使用的體細胞核轉移程序。

非常遺憾的是，無論是在術語或道德論證上面，體細胞核轉移的結果總是和人類胚胎幹細胞的產生混爲一談。它們在早期的輿論裡被視爲同義，於是以訛傳訛，完全忽略兩個物質產生的方法其實完全不同。體細胞核轉移的程序的醫學貢獻可能更大，因此我們需要澄清對於該程序的一些混淆。

如圖A.1所示，體細胞核轉移並不涉及精子和卵子的結合。相反的，DNA說明書是出自仍存活的動物的皮膚或其他組織的一個單細胞（對桃莉羊而言，則是取自乳房，但是其實可以取自任何部位)。所有人應該都會同意,原始捐贈者的表皮細胞並沒有什麼特別的道德價值;畢竟我們每天都會脫落幾百萬個表皮細胞。同樣的,去除細胞核的卵子細胞,失去所有自己的DNA,已經不可能變成一個活的生物體,因此似乎也沒有道德位階可言。把這兩個物質結合而創造一個細胞,雖然不是自然產生的,卻有極大的終極潛能。但是我們應該稱它爲一個人嗎?

如果有人主張說,其終極潛能使得我們必須稱它爲人,那麼爲什麼不能把相同的論證套在處理前的表皮細胞上?它也很有潛能吧。

在未來幾年裡,科學家很可能會發現在卵子細胞的細胞質裡的訊號——讓表皮細胞的細胞核得以刪除表皮細胞的歷史,並恢復它轉變成許多組織類型的能力的訊號。因此,在幾年內,該程序很可能不再需要卵子,只要把捐贈者任何類型的細胞滴到帶有訊號的分子的「雞尾酒」裡就可以完成。那麼在整個漫長的階段裡,究竟什麼時候可以賦與它一個人類的道德位階呢?該程序的結果不是比較像一個成體幹細胞,而不像胚胎幹細胞嗎?

對於體細胞核轉移的大驚小怪,是因爲由乳房細胞核和去核卵子細胞的結合最後得到桃莉羊的怪異結果。而且只因爲體細胞核轉移的產物故意被置回母羊的子宮裡,才能得到該結果,而非偶然發生的。現在相同的步驟也被套用在許多其他哺乳動物身上,包括牛、馬、貓和狗。某些偏激的研究團體可能把所謂生殖性複製（reproductive cloning）用在人類身上。其中一個團體（雷爾教〔Raelians〕）是由一個穿著銀色跳傘衣的傢伙所領導的，他聲稱曾被外星人綁架（他大概不能算是科學家吧）。科學家、倫理學家、神學家和立法者，基本上一致認爲，在任何情況下都不應該從事人類的生殖性複製。儘管主要的反對理由是就道德和神學的立場主張不得以非自然的方式複製人類，但是也有人是基於安全考量，因爲其他哺乳動物的生殖性複製的結果證明非常沒有效率而且極易釀成災難，大部分的複製個體的下場不是流產就早夭。少數存活的複製個體則都有些畸形發展，包括桃莉羊在內（她有關節炎和肥胖症）。

職是之故，人們完全有理由要求人類體細胞核轉移的產物不得植入孕母的子宮裡。幾乎每個人都會同意這點。於是論戰轉到如果並不是要複製完整的人類，那麼是否就可以從事人類體細胞核轉移。該論調頗爲誘人。如果你將要死於帕金斯症，你需要的不是其他捐贈者的幹細胞，而是你自己的。畢竟，數十年來器官移植的科學研究顯示，將另一個體的細胞植入一個接受者體內，幾乎都會產生致命的排斥反應，而通常只能藉著捐贈者和接受者之間謹慎的組織配對去避免，移植後必須使用很強的免疫抑制藥物，以防止各種併發症。一想到這個漫長的經驗，那些主張以匿名的捐贈者的胚胎幹細胞去治療各種疾病的願景就煙消雲散了。

因此，如果幹細胞的基因和接受者的基因相同，情況會好很多。而那正是體細胞核轉移的可能成果。（此即所謂的「醫療性複製」，儘管該詞經常被誤用而讓人不知其所指為何。）客觀的評論者不得不說，對於一長串的退化性甚至最後致命的疾病而言，那終究可能是一個很有希望的治療方法。因此，我們有義務謹慎思考對於這個可能很有裨益的方法的道德反對立場，並且評估在某些方面是否有值得重視的地方。

我認為一個表皮細胞和去核卵子細胞的直接產物，並沒有如精子和卵子結果那樣的道德位階。前者是不會在自然裡發生的實驗室產物，並不是上帝創造人類的計畫之一。而後者完全是上帝的計畫，由我們自己的物種和其他物種經歷數百萬年才實現的。

就像大多數人一樣，我也堅決反對人類生殖性複製的觀念。把人類體細胞核轉移的產物植入子宮裡是非常不道德的事，應該極力勸阻。另一方面，實驗紀錄已經讓我們相信，源自體細胞核轉移的單細胞可以轉化為一個可以測得有血糖含量且分泌胰島素的細胞，而不必經歷任何胚胎和胎兒發育的其他步驟。如果那些方法可以得到可以治療青少年糖尿病的配對組織細胞，那麼它們為什麼不是合乎道德的程序呢？

該領域的科學研究無疑地將會繼續大步向前走。儘管我們不清楚幹細胞研究在醫療上的最終貢獻會有多大，卻相信它潛力無窮。反對一切此類的研究，其實是意味著有其他道德責任完全壓倒了解民倒懸的道德訓義。或許有些信徒認為該立場無可厚非，但是應該是在全盤考量事實以後才可以如此主張。把這個問題說成信仰和無神論的單純戰爭，只是治絲益棼而已。

除了醫療之外

我的早報最近有一篇關於美國總統所面對的挑戰的分析。正當我們的三軍統帥諸事不順的時候，該篇報導引述了總統的一個政治顧問和好友的話：「我不曾見到總統為他的職位而苦惱。他生來就是要做大事的。那就在他的DNA裡。」

雖然這位總統的朋友可能只是開玩笑的，但是他所說的可能完全屬實。

我們如何能夠真正證明人類行動和個人性格的遺傳性？基因體學的革命會給我們帶來新的倫理問題嗎？我們如何如實評斷遺傳和環境在如此複雜的人類性格裡所扮演的角色？有許多論著旁徵博引地探討這個主題。但是早在達爾文、孟德爾、華生、克里克以前，善於觀察者已經明白，自然給與我們絕佳的機會去評價遺傳在人類存在的各個面向所扮演的角色。那個機會即是來自同卵雙胞胎。

個人特質	遺傳性估計
一般認知能力	50%
外向性	54%
合群性	42%
自覺性	49%
神經質	48%
開放性	57%
攻擊性	38%
傳統傾向	54%

表A.1　各種人格特質的遺傳影響比重估算表。見：T. J. Bouchard and M. McGue, "Genetic and Environmental Influences on Human Psychological Difference," *J. Neurobiol.* 54 (2003):4-45。表列每個特質在人格分析的科學裡都有嚴格的定義。

如果你遇到同卵雙胞胎，你會看到他們擁有非常類型的身體特徵，以及音調或某些癖好的特質。然而，如果你熟識他們，就會發現他們有各自不同的人格。幾百年來，科學家一直在研究同卵雙胞胎，以了解天性和教養對於種種性格的影響。

如果同卵雙胞胎一出生即被不同的家庭收養，因而有完全不同的童年環境，就更能夠得到平衡的分析。這樣的雙胞胎可以讓我們估計任何個別特質的遺傳性，而不必去考慮其實際的分子基礎。表A.1顯示從雙胞胎的研究得到遺傳對於個別特質的影響比重估計。然而從各種方法學的理由來看，它們並不算是很精確的結果。

這些研究推論說，遺傳在許多人格特質上是

很重要的因素。生活在家庭裡的我們對此不會太驚訝。因此，如果說基因體的研究發掘出許多遺傳機制的分子細節，我們應該也不感意外。但是我們卻眞的很震驚。

說你擁有祖母的眼睛或祖父的脾氣，那是一回事。而說你擁有它們是因爲在基因體的某個部位有某個T或C，而且你不一定會傳給孩子，則是另一回事。儘管人類行爲的遺傳研究可能有助於心理疾病的治療，但是這類研究也會讓人很沮喪，因爲它似乎會危及我們的自由意志、個體性，甚至威脅到我們的靈性。

然而我們得習慣它。某些人類行爲的分子界定已經開始了。有些團體已經在科學文獻裡發表論文指出，神經傳導物質「多巴胺」的接受器裡的共同變異體和標準化人格測驗裡的「追求新奇」的特質有關。然而，這個收受器的變異體對於該特質的變異性影響比重很小。儘管結果在統計學上很有趣，但是基本上和個體無關。

其他團體則發現另一個神經傳導物質「血清素」的運輸接受器裡的一個變異體和焦慮有關。根據報告指出，該運輸變異體也與個人在經歷極大的壓力時是否感到憂鬱具有統計學的相關性。如果是眞的，它就是基因和環境互動的一個例子。

大眾特別關心的一個領域，則是同性戀的遺傳基礎。雙胞胎的研究證據其實並無法證實遺傳因子對於男同性戀的影響。然而，一個男同性戀的同卵雙胞胎也是男同志的機率約為百分之二十（男同志佔一般男性的百分之二～四），顯示DNA對於性取向有基因的影響，但不是那麼密切相關。而任何涉及的基因都只是代表有此傾向而已，而不是預定的。

在人類個體性許多引起爭議的面向當中，以智力的問題最為意見分歧。儘管智力的定義和評量的方法始終是社會科學裡眾說紛紜的熱門話題，儘管各種智商測試其實也包括學習和文化的評量，而不只是一般性的認知能力而已，但是這個人類屬性顯然有很強的遺傳因素（見表A.1）。到目前為此，並沒有個別的DNA變異體被證明和智商有關。但是，如果我們的方法成熟到足以發現它們的話，很可能會找到幾十個變異體吧。而就像人類行為的其他面向一樣，每個變異體的影響都很小（也許只在智商測驗裡影響個一、兩分）。

犯罪傾向是否也有遺傳易感性（susceptibility）的影響？那似乎是每個人都已經知道的事。民眾當中有半數的人們帶有某種基因變異體，使他們吃牢飯的機會比其他人高出十六倍。當然，我指的是男性的Y染色體。但是認識到這個關聯性，並不會顛覆我們的社會結構，也不會被男性刑事被告當作辯護的理由。

撇開這個明顯的事實不談，在基因體裡的確可以找到對於反社會行為的些許影響。我們已經看到一個非常有趣的例子，始於荷蘭一個家族的觀察研究，該家族裡的許多男性有很嚴重的反社會和犯罪行為發生率，而且和在X染色體上的一個基因的遺傳模式很一致。

對於該荷蘭家族的仔細研究顯示，在X染色體上的單胺氧化酶的基因裡有個去活化的突變，而所有表現出反社會行爲的男性都帶有該突變。那原本是微不足道的事，但是結果證明正常的單胺氧化酶有兩種不同的版本；高表達者和低表達者，儘管目前沒有足夠的證據指出低表達者的男性觸法的頻率比較高，但是澳洲一個針對受虐男孩的謹愼研究推論說，帶有低表達的單胺氧化酶的男孩成年後的反社會和犯罪行爲的頻率要高很多。於此我們又看到一個基因與環境互動的例子：由單胺氧化酶造成的基因易感性只有在孩童有受虐的環境經驗時才會顯現。但是即使在這個情況下，事實的認定仍然只有以統計爲基礎的意義。有許多個體是該規則的例外。

幾年前，我在一份宗教期刊上面看到一篇文章，探討個體的靈性是否可能遺傳。我不覺莞爾，心想那眞是最極端的基因決定論。但是我或許太急了一點；或許我們不妨想像某些人格類型（以薄弱的遺傳因子爲基礎）比其他類型更容易接受上帝存在的可能性。最近的雙胞胎研究正是如此顯示，雖然我們照常要提醒說，所觀察的遺傳影響非常微弱。

隨著《上帝的基因》（*The God Gene*）③的出版，靈性的遺傳學的問題廣受注意，該研究者同樣也出版觀察追求新奇、焦慮和男同性戀的作品。這本書占據了頭條新聞，甚至上了《時代雜誌》的封面故事，但是我們仔細閱讀就會發現書名其實是在譁眾取寵。

該研究者利用人格測驗去推論說，一種所謂「自我超越」的特質證明了家族和雙胞胎的遺傳性。該遺傳性質與個體接受無法直接證明或測量的事物的能力有關。證明那樣的人格特點具有遺傳性質並不讓人意外，因爲大部分的人格特質都是如此。但是作者繼續主張說，某個基因的變異體，VMAT2，和高度的自我超越傾向有關。由於他的數據並沒有在科學文獻裡披露或出版，許多科學家都抱持懷疑的態度。

《科學人》（*Scientific American*）雜誌的一個書評家譏諷說，該書的書名應該叫作《一個只能解釋在心理測驗分數裡的差異的百分之一的基因，該測驗係用以測量一個稱爲自我超越的因子，而自我超越的意思則從加入綠黨到相信超感知覺不等，根據一個未發表印行的研究》。

總的來說，許多人類行爲特質都難免有遺傳的成分。對它們而言，遺傳很難說是可預測的。環境，尤其是兒時經驗，以及個人自由意志的選擇，對於我們影響甚鉅。科學家們將會發現關於我們人格的遺傳因子越來越多的分子細節，但是讓我們不應該誇大其影響比重。是的，我們被發了一副牌，而紙牌遲早要掀開。但是我們要怎麼玩，則是由我們決定的。

什麼是提昇？

科幻電影《千鈞一髮》（Gattaca）描寫一個未來的社會，在那個社會裡頭，易染病性以及人類行爲特質的遺傳因子都被辨識出來，並且用於診斷上，以改善交配的結果。在令人不寒而慄的未來景象裡，社會拋棄所有個體的自由，讓個體依據其DNA決定個別的職業和生活經驗。電影的前提在於，基因決定論可以精確到讓社會容許如此的情況，但是主角（出生於系統以外）卻仍然努力要勝過所有抽煙、喝酒且互相殘殺的「有價人」。

這種科幻電影可信嗎？當然，很多人認眞思考未來人類提昇的主題，包括某些優秀的科學家。西元兩千年，我獲邀參加由總統於白宮主持的「千禧年之夜」，當時著名的科學家霍金主張說，現在正是人類接管演化並規劃物種有系統的自我改善的時候了。雖然我們知道罹患退化性神經疾病的霍金用心良苦，但是他的提議讓我很擔憂。該由誰來決定什麼才算是「改善」？如果改良我們的物種的結果是一路上得失去許多重要的東西（例如對於突發疾病的抵抗力），那會不會是很大的災難？而如此大規模的改造會不會影響我們和上帝的關係？

所幸，即使這些前景有可能實現，也仍然很遙遠。但是有其他人類提昇的面向已經近在眼前，因此有必要在此討論一下。

首先，我們必須承認，「提昇」並不是有明確定義的概念。在治療疾病和提昇功能之間也沒有清楚的界線。以肥胖為例，許多嚴重的疾病都和病態的肥胖有關，因此是醫學研究、預防和治療的正當主題。另一方面，研究出從正常體重減輕到瘦骨嶙峋的模特兒程度的方法，則很難說是什麼醫學的成就。然而體重的程度是連續性的，很難去判定你什麼時候踰越正常值。

在遽下結論說提昇我們自己或孩子是不合理且危險的事以前，我們得想想其實我們在許多情況下已經那麼做了，甚至非常堅持它。如果我們沒有讓孩子對於傳染病具有適當的免疫力，我們被認為是不負責任的父母親。沒錯，免疫力確定是一種提昇，它會導致免疫細胞的某些複製體的繁殖，甚至重新排列DNA。

同樣的，加氟化物的水、音樂課以及畸齒矯正術是否具有道德位階，其實是很有問題的，儘管部分的判斷因情況而異。為患有腦下垂體疾病的孩童注射生長激素是可以接受的，但是如果只是家長希望增加孩子的自然高度，則被認為不妥當。同樣的，促紅血球生成素（erythropoietin），對於有腎臟病的病患而言是天降甘霖，但是運動員如果使用它，則是既不道德且違法的。

另一個和運動員有關的例子，亦即類胰島素生長因子1（IGF1）的使用，它在動物研究裡有效幫助肌肉增生，而目前的審查系統很難偵測到。大部分的人會認為那和類固醇一樣不應該在體育界使用。但是類胰島素生長因子1卻可能有助於減緩老化的歷程，如果證實為眞，那麼它還是不道德的嗎？

我們至今所舉的例子，其實都改變了個體的生殖細胞系DNA（從父母親傳給子女的DNA），而在可見的未來裡，很不可能進行這類的人體實驗。儘管在動物實驗裡已經屢見不鮮，但是由於有嚴重的安全問題，而排除了應用在人類的可能性，也就是說，其負面影響在若干代的子孫裡仍然不容易見到。其基因體如此被操控的子孫們也沒有反對的機會。因此，從倫理學的觀點來看，人類的生殖細胞系的操控問題應該會被擱置很久。唯一的例外是我們能否建構一個眞正人工的染色體以攜帶額外的物質，但是如果出差錯的時候，該染色體必須有自我毀滅的機制。但是我們即使在動物實驗裡都還做不到這點。

那麼，這是否意味著我們對於人類基因庫的操控的擔憂都太誇張了？如果我們說的是用以創造新的DNA結構的生殖細胞基因工程，那麼的確是杞人憂天。但是如果你說的是《千鈞一髮》所描繪的胚胎篩選，那麼我們是有理由擔憂的。這種如今很普遍的高科技讓人工授精手術有了意外的變化。如圖A.2所示，在人工授精手術裡，約十幾個卵子自母體中

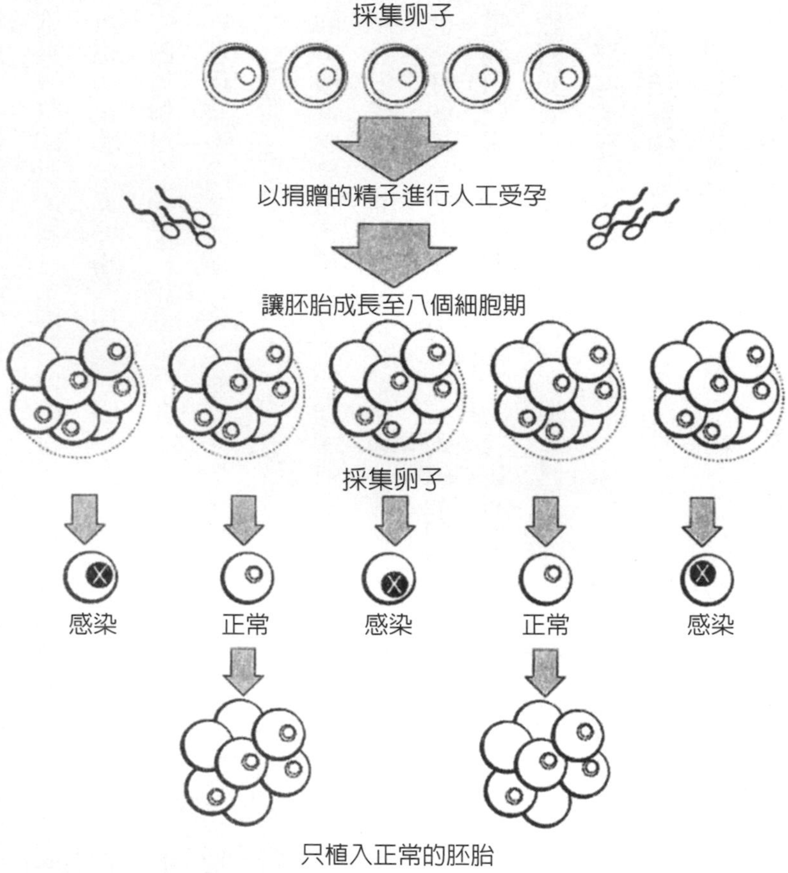

圖 A.2　胚胎植入前基因診斷（PGD）

採集得到，而在培養皿裡藉由父親的精子受胎。如果授精成功，胚胎便開始分裂。在八個細胞期，可以自每個胚胎取出其中一個細胞，接著對它進行DNA篩檢。基於該結果，我們可以決定哪個胚胎可以再植入，哪些是要冰凍或拋棄的。

數百對可能罹患諸如泰薩式症（Tay-Sachs disease）或纖維囊腫等嚴重疾病的夫婦，已經利用該方法確保生出未受感染的孩子。但是用以顯示某個胚胎是否註定會罹患泰薩式症的DNA篩檢，也可以測定胚胎是男是女，或者是否有成人疾病的風險，像是BRCA1基因的突變。胚胎植入前基因診斷的使用引起很大的爭議，尤其是因爲它目前幾乎無法可管，至少在美國是如此。

當胚胎植入前基因診斷的技術漸漸普及時，有錢的夫婦會基於「家庭裡的優生學」而決定利用它盡量提高子女的天賦，好讓父母親的基因體有最佳的結合嗎？他們會除去比較不好的變異，並且保證某些特質可以傳下去嗎？

該方法有個統計學上的問題。父母親希望提昇的那些屬性，一般是由多個基因控制的。但是每個基因都要有母親和父親的最佳版本，每四個胚胎裡只有一個可能出現。如果有兩個基因要最佳化，就得有（平均）十六個胚胎去找出一個符合要求的。如果有十個基因要最佳化，就需要一百多萬個胚胎！而既然一個婦女一輩子也無法製造那麼多個卵子，

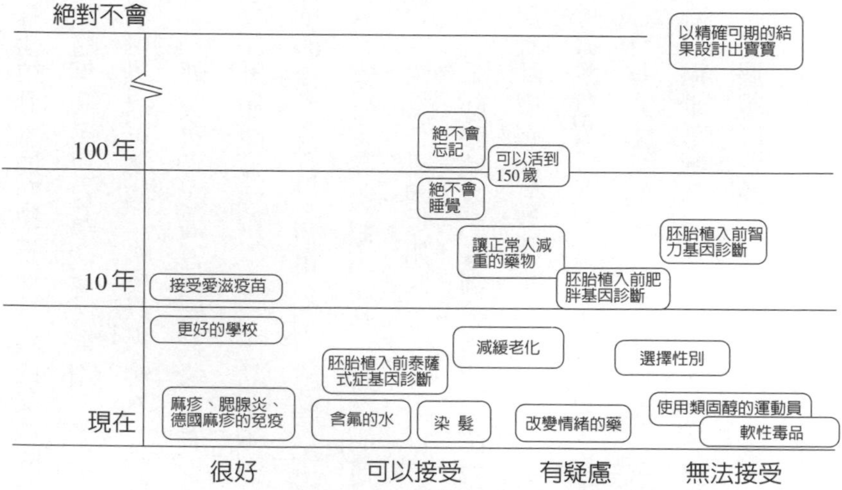

圖 A.3 各種提昇人類的願景的圖示。儘管對於發生的機率以及倫理考量的程度可能有歧見，但是在右下方的部位可以看到何者是最迫在眉睫的重要考量。

那顯然是一個很愚蠢的願景。

另外還有一個理由證明那是一件蠢事。即使是那個百萬中選一的胚胎，智力、音樂和運動天賦的十個基因選擇也很可能因爲數量太少而錯失機會。再者，這些基因也無法獨立運作。兒童的養育、教育和訓練的重要性，也不會因爲基因骰子的最佳化而被排除。自私的夫婦們堅持使用如此的遺傳技術去製造一個兒子，期望他既能打美式足球的四分衛、在學生管弦樂團裡擔任第一小提琴手、數學每次都得A+，到頭來卻很可能發現他在房間裡玩電動遊戲、吸大麻、聽重金屬音樂。

綜合以上所討論的，我們可以把某些願景置於一個二維座標圖上，其中橫軸是倫理的考量，縱軸是發生的機率。座標圖（圖A.3）可以幫助我們看看某些當前最重要的問題的落點，它們都落在右下方的部位。

結論

以上探討隨著基因體學以及相關領域的進展而產生的倫理兩難只是冰山一角。每天似乎都會出現新的難題，附錄裡提到的若干難題也可能已經煙消雲散。對於那些眞正挑戰倫理、卻不是虛構或不切實際的願景的問題，我們的社會如何去得出結論來呢？

首先，把那些決定扔給科學家們是錯誤的。科學家們在爭論中扮演重要的角色，因爲他們擁有可以澄清何者可能何者不可能的專業知識。但是科學家不可能是唯一表列的人物。科學家的本質是渴望探索未知。他們的道德意識一般而言並不比其他團體更高或更低，而他們難免也會有利益的衝突，對於非科學家設定的界線總會憤憤不平。因此，我們必須考慮到許多不同的觀點。但是要讓辯論者都明白相關的科學事實是很沉重的事。當前關於幹細胞的爭論讓我們了解到，早在科學的細節事實釐清以前，根深柢固的立場已經損害了眞實對話的可能性。

一個立基於某個偉大的世界宗教的人，可以幫忙解決這些倫理道德的兩難問題嗎？專業的生命倫理學家一般會說那是不可能，因爲正如我們所知的，無論有信仰與否，自主、利他、不害、正義的原則是人們共同承認的。另一方面，在否認有絕對眞理的後現代主義的年代裡，倫理既然失了根，那麼基於個殊信仰原則的倫理就可能提供某種基礎的力量。然而我還是不完全支持以信仰爲基礎的生命倫理學。最明顯的危險就在於，在歷史的紀錄裡，信徒們會利用神所不欲的信仰，把博施濟眾的理想扭曲爲自以爲是、煽動群眾以及極端主義。

那些宗教審判者當然自以爲是完全合乎道德的，就像那些在麻州賽倫燒死女巫的人們一樣。在我們的時代裡，伊斯蘭的自殺炸彈客以及暗殺墮胎診所的醫生，無疑都認爲自己是正人君子。當我們在未來面對科學所帶來的難題時，最好也思考每個歷久不衰的正義而高貴的世界傳統。但是我們不要以爲對於那些偉大眞理的每個詮釋都會是值得尊敬的。

遺傳學和基因體學的科學是否能讓我們「扮演上帝」呢？對其進展憂心忡忡的人們很喜歡用這個詞，即使他們並不是信徒。如果我們相信人類能夠以無限的愛和慈悲去扮演上帝，或許可以減輕其疑慮。但是我們的歷史並沒有那麼光彩。當懸壺濟世的誡命和不害的道德原則起了衝突，就會讓人無所適從。但是我們別無選擇，只能試著去了解所有細節，包括所有爭論者的觀點，並且得到共識。目前科學和信仰的世界觀的衝突亟待解決的理由之一，正是因爲我們需要同時去了解那兩種聲音，而不是彼此叫囂。

---

①關於蘇珊及其家族的經驗的詳細說明，見 M. Waldholz, *Curing Cancer* (New York: Simon & Schuster, 1997), chapters 2-5。

②T. L. Beauchamp and F. J. Childress, *Principles of Biomedical Ethics*, 4th ed. (New York: Oxford University Press, 1994).

③D. L. Hamer, *The God Gene* (New York: Doubleday, 2004).

誌謝

威爾遜總統（Woodrow Wilson）曾經嘲諷說：「我不只是用了我所有的大腦，而且也用了所有借得到的大腦。」對於蒐集構成本書的所有想法和概念的我而言，是最好的寫照。儘管我以人類基因體研究爲例去重新審視科學和屬靈的世界觀的可能和諧，在文中卻很少提到什麼原創的神學概念。因此我要感謝許多偉大的思想家，從聖保羅、奧斯定到魯益師，他們明辨屬靈眞理的能力讓我自己的觀點相形見絀。

二十多年來，我一直很想寫成這本書，而好友的鼓勵讓它終於成眞。在眾多扮演巴拿巴（Barnabas）的角色當中，我要特別感謝同儕科學家和信友特蘭特博士（Dr. Jeffrey Trent）；魯益師學會（C. S. Lewis Institute Fellows）的主任，塔倫茲牧師（Reverend Tom Tarrants）和林賽博士（Dr. Art Lindsey）；以及我的朋友，專研魯益師和佛洛伊德的傑出學者尼可里博士（Dr. Armand Nicholi）。我也受惠於許多生物學家和信徒，特別是佛克博士（Darrel Falk）、麥葛雷博士（Alister McGrath）和米勒博士（Kenneth Miller）。

我在建構本書的概念時，有幸在二〇〇三年二月於哈佛大學的諾伯講座（Noble Lectures）演講。在哈佛紀念教堂裡的連續三個晚上，我討論了科學和宗教之間的介面，哈佛大學有數百個研究生聽講，讓我相信許多年輕人對於該問題求知若渴。因此我尤其要謝謝葛美斯牧師（Reverend Peter Gomes）促成該演講。

許多人曾經一同爲本書的誕生而努力：茱蒂（Judy Hutchinson）忠實抄錄我口述的稿子；麥克（Michael Hagelberg）爲我繪圖；阿博瑞博士（Frank Albrecht）、柏尼博士（Ewan Birney）、蘭德博士（Eric Lander）對於我的初稿提出重要的批評。我的經紀人羅斯（Gail Ross）爲我這個新手作家提供許多實務經驗；布魯斯（Bruce Nicols）是個很完美的編輯，他在我猶豫時給我很多鼓勵，在我腸枯思竭時給我信心，並且嚴格要求寫作風格明白曉暢。

最後，我要謝謝我的家庭。我的女兒瑪格麗特和伊莉莎白，以及她們的先生，他們始終支持我的寫作計畫。我的父母親弗萊契和瑪格麗特，他們九十多歲而依然聰明矍鑠，對於本書的寫作構想給與很多批評，儘管我的父親很可惜未能看到它出版。我希望他在天國會喜歡它，儘管我相信他會指出很多不必要的副詞，在編輯的時候應該刪削的。我最感謝的是我的妻子戴安娜，她相信這本書的重要性，並且不厭其煩地爲我在電腦上編輯本書。

國家圖書館出版品預行編目資料

上帝的語言/法蘭西斯・柯林斯（Francis S. Collins）著；林宏濤譯. -- 初版. -- 臺北市：啓示出版：家庭傳媒城邦分公司發行, 2007.11
面；　公分. -- (Soul系列；10)
譯自：The Language of God: A Scientist Presents Evidence for Belief

ISBN 978-986-7470-31-7(平裝)

1.基督教 2.信仰 3.護教 4.宗教與科學

242.42　　96020327

Soul系列010

上帝的語言

作　　者／法蘭西斯・柯林斯 Francis S. Collins
譯　　者／林宏濤
企畫選書人／彭之琬
責任編輯／彭之琬、李詠璇

版　　權／吳亭儀
行銷業務／何學文、莊晏青
總 經 理／彭之琬
發 行 人／何飛鵬
法律顧問／台英國際商務法律事務所羅明通律師
出　　版／啓示出版
台北市104民生東路二段141號9樓
電話：(02) 25007008　傳眞：(02)25007759
E-mail:bwp.service@cite.com.tw
發　　行／英屬蓋曼群島商家庭傳媒股份有限公司 城邦分公司
台北市中山區民生東路二段141號2樓
書虫客服服務專線：02-25007718；25007719
服務時間：週一至週五上午09:30-12:00；下午13:30-17:00
24小時傳眞專線：02-25001990；25001991
劃撥帳號：19863813；戶名：書虫股份有限公司
戶名：英屬蓋曼群島商家庭傳媒股份有限公司城邦分公司
訂購服務／書虫股份有限公司客服專線：（02）2500-7718；2500-7719
服務時間：週一至週五上午09:30-12:00；下午13:30-17:00
24時傳眞專線：（02）2500-1990；2500-1991
劃撥帳號：19863813 戶名：書虫股份有限公司
讀者服務信箱：service@readingclub.com.tw
城邦讀書花園：www.cite.com.tw
香港發行所／城邦（香港）出版集團有限公司
香港灣仔駱克道193號東超商業中心1樓；E-mail：hkcite@biznetvigator.com
電話：(852) 25086231　傳眞：(852) 25789337
馬新發行所／城邦（馬新）出版集團 Cite (M) Sdn. Bhd.
41, Jalan Radin Anum, Bandar Baru Sri Petaling, 57000 Kuala Lumpur, Malaysia.
Tel: (603) 90578822 Fax: (603) 90576622 Email: cite@cite.com.my

封面設計／李東記
排　　版／極翔企業有限公司
印　　刷／韋懋實業有限公司

■2007年11月6日初版
■2022年11月16日二版3.5刷　　Printed in Taiwan

定價320元

城邦讀書花園
www.cite.com.tw

 ISBN 978-986-7470-31-7

啟示出版 Apocalypse Press

廣　告　回　函
北區郵政管理登記證
北臺字第000791號
郵資已付，免貼郵票

104　台北市民生東路二段141號2樓

英屬蓋曼群島商家庭傳媒股份有限公司城邦分公司　收

請沿虛線對摺，謝謝！

啟示出版 Apocalypse Press

書號：1MA010X　　書名：上帝的語言

請於此處用膠水黏貼

啟示
Apocalypse Press
出版

讀者回函卡

感謝您購買我們出版的書籍！請費心填寫此回函卡，我們將不定期寄上城邦集團最新的出版訊息。

姓名：＿＿＿＿＿＿＿＿＿＿＿＿＿＿＿＿＿＿＿＿ 性別：□男　□女

生日：西元＿＿＿＿＿＿年＿＿＿＿＿＿月＿＿＿＿＿＿日

地址：＿＿＿＿＿＿＿＿＿＿＿＿＿＿＿＿＿＿＿＿＿＿＿＿＿＿

聯絡電話：＿＿＿＿＿＿＿＿＿＿＿＿ 傳真：＿＿＿＿＿＿＿＿＿＿

E-mail ：

學歷：□ 1. 小學 □ 2. 國中 □ 3. 高中 □ 4. 大學 □ 5. 研究所以上

職業：□ 1. 學生 □ 2. 軍公教 □ 3. 服務 □ 4. 金融 □ 5. 製造 □ 6. 資訊
□ 7. 傳播 □ 8. 自由業 □ 9. 農漁牧 □ 10. 家管 □ 11. 退休
□ 12. 其他＿＿＿＿＿＿＿＿＿＿＿＿＿＿＿＿＿＿＿＿＿＿

您從何種方式得知本書消息？

□ 1. 書店 □ 2. 網路 □ 3. 報紙 □ 4. 雜誌 □ 5. 廣播 □ 6. 電視
□ 7. 親友推薦 □ 8. 其他＿＿＿＿＿＿＿＿＿＿＿＿＿＿＿＿

您通常以何種方式購書？

□ 1. 書店 □ 2. 網路 □ 3. 傳真訂購 □ 4. 郵局劃撥 □ 5. 其他＿＿＿＿

您喜歡閱讀那些類別的書籍？

□ 1. 財經商業 □ 2. 自然科學 □ 3. 歷史 □ 4. 法律 □ 5. 文學
□ 6. 休閒旅遊 □ 7. 小說 □ 8. 人物傳記 □ 9. 生活、勵志 □ 10. 其他

對我們的建議：＿＿＿＿＿＿＿＿＿＿＿＿＿＿＿＿＿＿＿＿＿＿＿＿
＿＿＿＿＿＿＿＿＿＿＿＿＿＿＿＿＿＿＿＿＿＿＿＿＿＿＿＿＿＿
＿＿＿＿＿＿＿＿＿＿＿＿＿＿＿＿＿＿＿＿＿＿＿＿＿＿＿＿＿＿

請於此處用膠水黏貼